Balthasar Staindl

Kochbuch von 1596

Balthasar Staindl

Kochbuch von 1596

ISBN/EAN: 9783741104442

Manufactured in Europe, USA, Canada, Australia, Japa

Cover: Foto ©Gila Hanssen / pixelio.de

Manufactured and distributed by brebook publishing software (www.brebook.com)

Balthasar Staindl

Kochbuch von 1596

Register vber das Kochbuch, vnd wie man jedes stuck nach der zal suchen soll.

Von Mandel. j
Weinbeer zu Mandel. ij
Mandelmůß. iij
Gerendtemilch. iiij
Igel von Mandel. v
Mandelkäß. vj
Ein roten Krepsen von mandel. vij
Ein Reinbel von mandel. viij
Gegossen stern von mandel. jx
Pfifferling von mandel. x
Gesulzt mandel. xj
Ayrschmalz von mandel. xij
Bachen würst in der Fasten. xiij
Eingeweichtes in d' fast. xiiij
Ein Mandelschotten zumachen. xv
Marcipan. xvj
Ein fast gůte gemåß zumachen. xvij
Gesulzt Mandel, der farben hat wie du wilt. xviij
Blaunfarb. xix
Rotefarb. xx
Ein Mandelziger zumachen der farben hab wie du wilt. xxj
Gessenblůmen. xxij

Gegossen wappen. xxiij
Ayr in der fasten mach also. xxiiij
Gerheilte muß in einer schüssel. xxv
Ein schwartzen Igel. xxvj
Ein roten Igel. xxvij
Ein Feygensultzen. xxviij
Ein Rendel von Weinbeerlein. xxviij
Mandel soum macht man also. xxviiij
Gebachen schnittel von gestossen mandel. xxx
Ein Torten von mandel. xxxj
Weinbeer suppen zumachen. xxxij
Weinbeer můßlin. xxxiij
Die Weinber säpplein magst vber küchlein vnd andere geben. xxxiiij

Das ander Bůch.
Von Pasteten. xxxv
Pasteten von talg. xxxvj
Von Pirn. xxxvij
Torten von Rüeten. xxxviij
Torten von Weichseln. xxxix
Schwartz Torten / Item Torten von öpffel. xl

A ij Rein=

Register.

Reindeln von Öpffeln. xlj
Schwartz kuch von Öpffeln. xlij
Gefült öpffel zumachē. xliij
Pirn magst gleich also machen. xlbiij
Dinst pirn. xlv
Oepffel gescherb. xlvj
Bachen eüere zumach. xlvij
Oepffel zubachen. xlviij
Ein feiſt gütes müß, das ſchwartz iſt. xlix

Das dritt Büch.

Von ayrdotten zumachen. l
Torten von Reiß. lj
Torten vō grüenem kraut. lij
Gmüß Pasteten. liij
Torten vō ayer Gmüß. liiij
Ayer küchlein. lv
Mehr ein Torten. lvj
Gebratne milch machen. lvj
Heydnische küchen. lvij
Torte von grüne kraut. lviij
Torten von Vogelſpeiß. lix
Ein Pasteten von ayern. lx
Ein ayermüß zumachen. lxj
Schüſſelmüß zmachen. lxij
Auffganges Reindel. lxiij
Ein gehacktes koch zumachē. lxiiij
Häsumbs koch zumacht. lxv

Ein Träsent koch. lxvj
Schirffel koch. lxvij
Zottete müß. lxviij
Butter müß. lxix
Ein durcherribne milch zu machen. lxx
Ein geſotten koch. lxxj
Ein gemüß zumachen. lxxij
Ein gütes Härtel. lxxiij
Ein anders. lxxiiij
Ein Härtel mit wein. lxxiiij
Schnee milch. lxxv
Docken milch. lxxvj
Gesulgte milch. lxxvij
Tauffte milch. lxxviij
Geschnitten fleck von ayrn. lxxix
Torten von ayern. lxx
Ayer gmüß. lxxxj

Das viert Büch.

Von Viſchen. lxxxij
Ein Rächbraten zumachen. lxxxiij
Ein weiſſe ſultz von Viſch. lxxxiiij
Paſteten von Viſchen. lxxxv
Schwartz karpffen. lxxxvj
Paſteten von gebachnen Höchten. lxxxvij
Wilt du ein Höcht füllen. lxxxviij
Von

Register.

Von heiß gesotten Vischen. lxxix
Die Höcht verkauffen. xc
Es ist auch zuwissen. xcj
Der die Karpffen güt will
 sieden. xcij
Die Asch. xciij
Die Karpffen. xciiij
Pfrillen. xcv
Es ist auch zuwissen, wer die
 Visch wol will sieden. xcvj
Ein anders von pfrille. xcvij
Grundeln. xcviij
Rutten. xcix
Hüchen. c
Salmbling. cj
Prachsen. cij
Karpffen/schwartz süpplen. ciij
Schwartz süpplen/ Gelber
 süpplen. ciiij
Den grad von eim Hüchen/
 oder sonst ein grossen visch
 einzunemen. cv
Auff ein ander souß Visch
 einzumachen. cvj
Visch oder pfrillen in butter
 zubachen. cvij
Pfrillen in Butter. cviij
Pollische süpplen. cix
Gesultzte Visch. cx
Die sultz mach also. cxj

Auff ein ander art. cxij
Visch im Raschnat. cxiij
Aal Höcht zubehalet. cxiiij
Die höcht mit dem speck. cxv
Knödlen von Vischen/ vnd
 Würst von Vischen. cxvj
Auff ein andere weiß. cxvij
Ein gespickten Braten von
 Vischen. cxviij
Der ein gefülten Visch ma-
 chen will. cxix
Ein gemäß von vischen. cxx
Ein Rächbraten in der Fa-
 sten. cxxj
Pasteten von gebachnen
 Höchten. cxxij
Ein gebachens in der Fasten
 cxxiij
Ein gestossens von Vischen.
 cxxiiij
Hausen. cxxv
Geschlecht Hausen. cxxvj
Pasteten von vischen. cxxvij
Stockfisch. cxxviij
Jm raum. cxxix
Gerost stockfisch. cxxx
Auff ein andere souß. cxxxj
Braten Stockfisch. cxxxij
Krepsen. cxxxiij
Krepsen eyerlin. cxxxiiij
Gefüle Krepsen. cxxxv
Gesotten Krepsen. cxxxvj

A iij Ein

Regiſter.

Ein ſuppen von gſchelchten
   Viſchen.   cxxxvij
Die Karpffen ſo man ſauchen
   will.   cxxxviij
Hüchen.   xxxix

Das fünfft Buch.

Von flaiſch krapffen.   cxl
Paſteten von Kappaunen.   cxl
Heiß Wildpret.   cxlj
Ein hinderſchultere.   cxlij
Junge Hüner.   cxliij
Tauben.   cxliiij
Rayger.   cxlv
Krametvögel.   cxlvj
Andvogel.   cxlvij
Kolbenpaſteten.   cxlviij
Kaſtraune.   cxlix
Aale Wildpret paſteten.   cl
Kaſtraune paſteten.   clj
Jung Gänß paſteten.   clij
Ein zung eingemacht.   cliij
Hirſchen leber.   cliv
Schweinenkopff.   clvj
Wiſt welche hamen.   clvij
Schweinenfleiſch.   clviij
Säwkpff vñ hamen.   clix
Wie man die Rächſchlegel
   bereyten ſoll.   clx
Grüns Wildbret.   clxj
Würſten.   clxij

Wurſt von Kälbern fleiſch.   clxij
Wurſt von Kälbern / Rin
   deren / Lungen vnnd Le-
   bern.   clxiij
Ein Lung von Rindfleiſch.
   clxv
Kälberfleiſch.   clxvj
Preſoli.   clxvij
Ein paiß zungen.   clxviij
Ein Holbraten.   clxx
Schäffen ſchultern.   clxx
Ein angelegte hün.   clxxj
Junge Hüner einzudempf-
   fen.   clxrij
Grüns ſüpplein.   clxriij
Kochmuß macht man alſo.
   clxxiij
Küchel von Wildbret.   clxxv
Knödel von Hamenfleiſch.
   clxxvj
Ein ghiteſſen von einem
   Kappaun.   clxxvij
Ein Hünerbiß.   clxxviij
Ein geſtoſſns.   clxxix
Lungenküchlein.   clxxx
Kalbsleber.   clxxxj
Ein lungen zumachen.   clxxxij
Ein eingemachte Lungen.
   clxxxiij
Hirſchen leber.   clxxxiiij
Die Lungen von Hirſchen.
   clxxxv

Junge

Regiſter

Junge Hüner einbemp̄fte. clxxv
Geſelchte Hüner. clxxxvj
Plunte Hüners. clxxxvij
Jungkelsſü zumachē. clxxxviij
Kappaun ſuppen. clxxxix
Grüſſ an einem Spießbraten. cxc
Gebraten Erbeln. cxci
Der Rayff. cxcij
Geſült Obis. cxciij

Das ſechſt Büch.

Wie man Holhüppen bachē ſoll. cxciij
Butter braten an dem ſpieß cxcv
Die groſſen Möſerkuchen. cxcvj
Bratene küchlein. cxcvij
Die kleine ſchwäbiſche küchlein. cxcix
Goldhändel. cc
Ein eingerürts koch. ccj
Küchlein von öpffeln. ccij
Brot küchlein. cciij
Bachne küchlein. cciiij
Geſülte ayer. ccv
Eingerürte küchlein. ccvj
Bachen milch. ccvij
Gänſen augen. ccviij
Geſtürtzte ayer. ccix

Kroßayr, wie man brāt am einem ſpieß. ccx
Struck zu bachen. ccxj
Pfanzelten zu bachen. ccxij
Haſen ölin. ccxiij
Sogne ſchnitten. ccxiiij
Germen karpffen. ccxv
Arkuelach. ccxvj
Geſchnitten Nodel. ccxvij
Torten von Pieſſen. ccxviij
Kräuter krapffen. ccxix
Grüns kraut. ccxx
Eingefült Hauen. ccxxj

Das ſibendt Büch.

Wie man die Pomeranzen zu Oſterweck. ccxxij
Präzeling vol ſtecke. ccxxiij
Supp zumachen. ccxxiiij
Kroſſezelten zumachen. ccxxv
Pomeranzen ſchößler einzumachen. ccxxvj
Paiſſelbeer. ccxxvij
Roſenſaffe. ccxxviij
Küttenſaffe. ccxxix
Kütten einzumach̄. ccxxx
Jngber einzumachen. ccxxxj
Zucker zu läutern. ccxxxij
Weichſſel ſalſen. ccxxxiij

Lat

Register.

Latwergen von Weinbeern.
　　　　cclxxiij
Bertram von salssen. cclxxv
Salssen von Zolerbeer
　　　　ccxpxuj
Payselbeer salssen. ccxxviij
Peerlin salssen. ccxxviij
Grünling latwerg. ccxxix
Pien. ccxl
Hagenbutten/wachsen an
　Rosendorn. ccxlxj
Schlehen. ccxlxij
Eingemachte nussen. cxlviij
Salssen von grünen krent-
　ern. ccl iiij
Auff ein ander weiß Salsen
　zumachen. cclxiij
Petersilikraut. cclx
Ein Species einzumachen.
　　　　cclxvj
Triget. cclxvij
Guldenwasser. cclxviij
Rosenhonig. cclxix
Geele Lazelten. ccl
Swibachen. cclj
Krapffen von Mandel bä-
　chen. cclij
Weinbeer Salssen. cclij
Wie man Vnnerdumb ma-
　chen soll. cclxij
Vnnerdumb müßlein. cclv

Das letste Buch.

Erbes suppen. ccluj
Linsen/Byserlin/Weinsup-
　pen. cclxij
Ayersuppen. cclxiij
Hadersuppen. cclij
Ein ander Erbes suppen.
　　　　cclxj
Ein bänstel suppen. cclij
Gewürfflet suppen. ccl xij
Weinsuppen aus ra. cclxj
Schmalzsuppen. cclxiij
Sauß suppen. cclxj
Häcken suppen. cclxvj
Staubsuppen. cclxvij
Wie man den staub machet.
　　　　cclxviij
Geiflitz. cclxix
Habermuß. cclxx
Pfannbrey. cclxxj
Reyßkoch. cclxxij
Prennkoch. cclxxiij
Milchkoch. cclxxiiij
Grüßkoch. cclxxv
Vnnerdumb koch. cclxxvj
Erbes zumachen. cclxxvij
Ein einbrent Erbes muß.
　　　　cclxxviij
Grün Erbes in schüsseln.
　　　　cclxxix

Ende dises Registers.

Das erst Bůch vom Mandel.

I.

Machs also/nimb die Mandel/ seůds/ so laſſen ſie ſich ſchelen/ waſch waß geſchelt ſeind auß einem kalten waſſer/ ſo werdens hüpſch/ hert/ kirnig/ haſtu dann einen ſtein damit man Mandel melt/ so mahls/ geüß oben ein ſchön waſſer zu/ ſo rindts dann/ſo es gemalen hat/ ſeůds dick wie ein raum/haſt du nit ein Mandelmül/ ſo můß mans ſo lang inn einem Mörſer ſtoſſen/es bleibt aber vil in der ſeyh pfannen. Man ſoll auch ein Semelſchnitten bäwen/vnd in ein geſaltzens waſſer ſtoſſen/vnnd vnder die Mandel ſtoſſen/ nur gar lang vnd jmer zutropfft mit einem waſſer/ biß ſie ganz taig am ſtoſſen ſeind/ Dann ſo nimb die geſtoſſen Mandel geüß waſſer daran/reibs ab/ vnd ſeichs/ darnach du es dick wilt haben/hebs obers fewr/laß ſieden wie ein milchſuppen/ wer es gern ſüß iſſet/der nem Zucker/ richts dann auffs bäwt brot/Weinbeer darauff/ ſaltz es nicht/ biß du es anrichten wilt/es gerint ſonſt.

Weinbeer zu Mandel.
ij. Nimb ein dick Mandelmilch/ klaub Weinbeerlein darein/laß darinn einſieden/ thů ehlich Zucker darein/ wilt gern ſo gibs kalt oder warm.

Mandelmůß.
iij. Nimb ein dick Mandel/ geſtoſſen Reiß/ hack es in die Mandelmilch/die můß am erſten ſieden/ wilt du aber Reiß vngeſtoſſen in Mandel kochen/ ſo ſeůd den Reiß ab in einem waſſer/vnd waſch jn/vnd wöl die Mandelmilch/ geüß ans Reiß/laß alſo ſieden/wie man ſonſt ein Reiß ſeůd/ vnnd Zuckers wol/gibs warm/ſtre zucker darauff/ vnd Weinberlein/

B Gerends

Das erst Buch.
Gerendte milch.

iiij. Reiß/den nimb vnd stoß in klein/schlag jhn durch ein siblin/nimb dañ ein Mandelmilch/laß ersieden in eim vbergelaseůrten hafen/so sie walt/so thů den gestoßenen Reiß darein im sieden/so es dick wirt/so schůtts auff ein naß schüssel/ laß kalt werden/schneids stückelweiß/legs auff ein schüssel/ geuß ein kalte mandel milch daran/bestecks mit Zimetrörn.

Item du magst wol also ferben die gerendte milch/Saffran/oder sonst wie du farb kanst machen/so leg jhn auß fein theil auff die schüssel.

Ein Igel von Mandel.

v. Der neme Mandel wie vil er will/stoß oder mals/seyhe durch ein tůch/schüt das in ein hafen/zwirle das mit einem holtz durcheinander/geuß die milch kalt darauff/thů zucker darein/das dick das in dem tůch bleibt/must zusamen formen wie ein Igel/laß im gefäß ligen/so seicht es sich auß/ wirdt einem Igel gleich/so bestecks mit Mandel oben vber/ das sein die poister/man mags ferben/oder vergulden die Mandel/nimb ehrlich zucker darein.

Mandelkäß.

vj. Den mach also: Nimb ein Mandelmilch/die gar schön gesigen ist/muß auff ein pfund Mandel wol vier lot Hausen blatern haben/damit mans sterck/man můß am ersten die Hausenblatern in wasser sieden/vnd mit demselbigen wasser mußt du die Mandelmilch durchtreiben/etliche machens/ nemen die Mandel dick/doch durchgeschlagen/das durch ein siblein gehet/aber gehet vngern durch/oder durch ein Pfefferpfann/die nit kupfferig sey/mit Hausenblattern gestercke/ehrlich zucker darein/seůds also lang als zwey ayer/ dann so geuß in ein form/da man die ayerkäß eingeůßt/setz da es kalt hat/so gestehets/so es gestanden ist/mußt du den Mandel vnden in ein heiß wasser heben/so gehets gern heraus/

Das erst Büch.

auß/richts an auff ein schüssel/vnd geüß ein kalte Mandel∼
milch darüber/ darff nit mit Hausenblatern gestercke sein/
geüß so vil milch/ das nit vber den Käß gehe/ so sicht man
den form der Käß/nimb ehrlich zucker.

Ein roten Krepsen von Mandel.

vij. Wilt du es rot machen wie ein Krebsen/so seüd Presil/
dasselbige wasser muß auch gesterckt sein mit Hausenblat∼
tern/damit müstu den mandel durchtreiben/ müst ein form
haben in massen wie ein Krebs/ geuß darein/ laß gesteben/
gleich wie den Käß/richts dañ an auff ein schüssel/ geuß ein
Mandelmilch daran/ müst auch den zucker nicht sparen/
wann du es in form geust vber die gestercften mandel/ so laß
aber kalten/geüß nit heiß darein/es gestet sonst lang nit.

Ein Reindel von Mandel.

viij. So nim ein güte dicke milch von Mandel in ein Rein∼
del oder scherblin/darunter ein geribne semel/ als vil es dick
wirdt/meng es mit saffran vnd gütem linden gewürtz/ vnd
zuckers/setz auff ein glüt/laß sieden/bas trucken wirt/wann
dich gedunckt es hab sein genüg/ setz das scherblin auff ein
schüssel/so ist es bereyt.

Gegossen stern von Mandel.

ix. Machs also/geüß weiß Mandelmilch die gesotten ist/
vñ gesterckt mit Hausenblatern/das vberkaltet ist/ in einer
finen schüssel/laß gesteben/so er gestanden ist/ so schneid da∼
rein/geüß in Stern weiß/auff rot/blaw oder geel.

Pfifferling von Mandel.

x. Nimb geriben Mandel/den man in einem reibscherben
abtreybt/mach jn ab mit zucker vnd Rosenwasser/ das er fast
weiß wirde/vnd dick bleib/ truck denselbigen Mandel in ein
form der pfifferling/laß den mandel oben zum stil wider her∼
auß/thü den fehl in ein schüssel/geuß Mandelmilch daran.

B ij Gesultzt

Das erst Buch.
Gesultzt Mandel.

xj. Gesultzt Mandel mach also: Nimb Hausenblatern/die verseüd in wasser/nimb dañ Petersill/hack jn gar klein/nim dann den dritten theil der Mandelmilch darunder/zuckers wol ab/das wirdt grünfarb/Nimb dann die zwey theyl/die seüd in einer pfannen/zuckers auch wol ab/laß sieden in einer pfannen/seüds ein theil/weiß auff einer pfannen/dann das drittheil mach gleich gelb/das grien geuß auch auff ein pfannen/laß gestehen/so hast du drey farb/dañ so heb es inn ein heiß wasser/stürtz vber auff ein schön biet/oder banck/ schneyd es dañ geschacht/leg es auff die Schüssel/ein weyl weiß/ein weil gelb/ein weil grün/das die schüssel vol wirt/ gibs dann auff den Tisch.

Ayrenschmaltz von Mandel.

xij. So nimb geschölt Mandelkern/ein wenig weiß brot/ stoß das in ein Mörser/auß demselbigen mach sinwelle ayr/ ferbs an die stat/vñ in der mit legs in ein pfann/geuß öl daran/bachs/so wirt es gleich ayr im schmaltz/oder mach ayr darauß/schneids nach der leng von einander/vnd ferbs an der stat/da der Torten ligen soll/legs in ein schüssel wie sonst hárte ayer/geüß für den essig ein guten wein oder Reinfal/ Muscatel/schneid ein grünes kreütlein darauff/gibs dar.

Bachen Würst in der Fasten.

xiij. Machs also/back Feygen vnd Mandel vnder einander/thu ein wenig weichselsalssen daran/vnd Weinberlin/ welgs zwischen den händen/auff einem melbigen biet/inn der gestalt der Würst/zeuch dieselbigen Würst durch ein Apffelteig bachs/gibs auff grünem kraut.

Ein geweichts in der Fasten.

xiiij. Nim geschelten Mandel/den hack klein/reib den halben mit Saffran/legs besonder in ein schüssel/Weinbeer die
wol

Das erst Buch.

wol erlaubt/leg auch besonder in ein schüssel/nimb denn allerley Visch/nur Bermn nit/stoß die in einem Mörsel/geuß auff ein flachen/scheüß in Ofen/das es bach/so seind die gůt zu essen.

Ein Mandelschotten zumachen.

xv. Nimb Mandel als vil du wilt/stoß wol in eim Mörsel/ nimbs in ein reybscherben/vnd reibs so lang biß er sich zwischen den henden zusamen laßt ballen/mušt jmer dieweil du reybst/zu tröpflen ein wasser/hast aber nit ein reibscherben/ so mals in einer Mandelmül/in der dick wie ein toch/Nimb dann den Mandel in ein pfañen mit eim wasser dariñ Hausenblatern gesotten seind/vnnd vil zucker/seüd in so lang als zwey harte ayer/thů sie dañ herab so külets/so schlag jn dañ auff ein zinnen schüssel/fein hoch wie ein Schotten/so gestebt er/geuß ein dünne Mandelmilch daran/etlich oberstedens/etlich nicht/aber ich habs obersotten/vnd wider kalt lassen werden/vñ angemacht mit zucker/Ich hab auch gesehen/das man in dem Mandel zum Schotten/auff dem Tisch ein halb mässel Reinfal gethan hat/Nimb Hausen blattern/solchen schotten mag man auch in ein form eines Käß machen/Weinbeer mag man auch vnder den Schotten newen/ist versucht durch Elisabeth Mautnerin.

Marcipan.

xvj. Nimm geriben oder gestossen Mandel/der gar klein ist/ so er gestossen ist/so nim schmeckent Rosenwasser/da wirdt er weiß von/thů schier so vil zucker darein/als der Mandel/ Nimb der Oblat/vñ die leg auff ein papier darnach du den Marcipan groß wilt machen/so nim die Oblat/netz an ůtern/leg ein ander Oblat daran/es hafft an einander/sonst zu grossen Marcipan ist ein Oblat zu klein/nimb dañ ein ring/er sey hülzen oder eysen/eins zwerchen finger groß/setz

B iij auff

Das erſt Büch.
auff den zuſamen gemachten Oblat/ſchneids nach dem ring vmb vnd vmb/ſo wirt es ſcheyblig/aber ehe du es abſchneydeſt/thů den Mandel in ring/gleich als hoch der iſt/gleiche ſein an/zeuch dann den ring vberſich auff/vnnd ſee auff dem Marcipan Coriander bachnen Eniß/Nim den/ſcheüß auff ein Hafendeck/die man zu den Paſteten pfannen hat/ſcheüß ab dem Papier/vnd bachs in der Paſtetenpfann/ſo lang biß ſein härtlet oben vber wirdt/ſo nimb dann die deck auff die pfann/ ſchütt es gemechlich abher auff ein ſchöns brettlin/ gib es kalt für ein eſſen/oder an dem abent für ein Schlafftrunck. Item man macht eygen pfañen zu dem Marcipan/ dürffen nicht ſo hoch ſein als die Paſteten pfannen/muß ein Keßler oder Kupfferſchmid machen. Ob aber einer ye derſelbigen pfannen keine möcht haben/ſo ſoll man ſonſt ein pfannen nemen/vñ mit ſpenlein ein gatter darein legen/vnd den Marcipan darauff legen/ſetz die pfannen darauff empor/das nit gar auff der glůt ſtehe/thů ein Hafendeck darauff mit einer glůt auff die pfann/etlich nemen oben vber den Mandel auch ein Oblat/aber es dunckt mich noch beſſer ſein/es ſey oben bloß/vnd mit Confect vberſeet/muſt eben darauff ſehen/das er ſich nicht brenn.

Ein faſt gůts gemůß zůmachen.
xvij. So nim̃ Weinber/Cibeben vnd Mandel/eines ſo vil als des andern/weſch die Weinber/ſchel die Mandel/auß den Cubeben ſchneid die körnlein/nimbs dann/hacks durch einander/wie ein Lungmůß/vnd nimb ein harte ſemel/ſtoß vñ röſt die ſemel im ſchmaltz/nimb des gehackt auch darzu/ geůß ein Reinfal daran/gewürtze mit gůtem lindem gewürtz vnd zuckers/laß alſo ſieden ein gůte weyl/das es dick werd/ dann ſo richts an/ſo iſts ein faſt gůts gemůß.

Item geſultzte Mandel/der farben
has wie vil du wilt.

Weiß

Das erſt Büch.

xviij. Weiß iſt der Mandel an jm ſelbs/ gelb mach jhn mit Saffran/grün mach jhn mit Peterſil/rot ſoll man nemen auß der Apoteckẽ/etwan neñt mans fartüch/auß der Apotecken/daſſelb ſoll man ſieden/ſo wirt das waſſer rot/ damit magſtu den Mandel temperieren/aber Hauſenblatern müß darbey geſotten werden/vñ wol mit zucker gemiſcht/ gleich wie die Ayerkäß.

xix. Item braun farb mach alſo: Nimb geriben Mandel/ vnnd Weichſſelſalſſen darein/ ſo wirdt der Mandel braunſchwartz/ſo nimb nägelein gſtüp/vnnd waſſer das in Hauſenblatern geſotten iſt/ſeüd Erbiß darein/ſeüch die Erbes biß durch ein tuch/mache ſüß mit zucker/es wirt ſchwartz.

Rote farb zumachen.

xix. Mache alſo/nimb waſſer/darinn Hauſenblatern geſotten iſt/das macht ſüß/ſeychs durch ein tüch/ nimb dann rote farb von einem geſchwornen Apotecker/laß das vorgeſchriben waſſer kalt werden/rühr die farb darein/geuß es bald/es geſtehet/geüß in was form du wilt.

Ein Mandelzüger zumachen/der farben hat wie vil du wilt.

xx. Mache alſo/ geuß die vorgeſchribne farb eine in einen becher/laß geſtehn ein fingers dick/ geüß darnach mehr ein farb darauff/nit heiß/nur kalt/ oder es fleuſt in das ander/ geüß die farb darein/als vil du wilt/biß der becher vol wirt/ ſo es alſo geſotten vñ geſtanden iſt/ſo ſtoß den Becher in ein heiß waſſer/vnd bald wider herauß/ſtürtz den Becher vber ein Schüſſel/ſo haſtu die farb all/ſchneid dann ein geſtoſſen mãdel nach der leng/ſo ſicht man die farb all nach einander.

Goſſen Blůmen.

xxj. Item gegoſſen Blůmen oder Eſtrumb/mache alſo/ nimb weiſſen Mandel mit Hauſenblatern/geſterckt in einer

Schüſſel/

Das erst Buch.

Schüssel/ so es dann gestanden ist/ so schneid darein blůmen oder gewechs/thů dasselbig herauß/geuß jm ein andere farb an die statt.

Gegossen Wappen.

xxj. Gegossen Wappen mach also/ geuß die gelbung farb in ein schüssel/darnach schneyd den Helm herauß/ geuß sein farb darein.

xx.ij. Item ayer in der Fasten/mach's also/laß dir ein hülzin oder ander model machen/der zwey theil zusamen gfůgt sey/ als ein model darinn man Büchsenstein macht/ mit Mandel oder Nußöl gesalbt/geuß gestercketen Mandel mit Hausenblatern daran/das er gelb vnd süß bleib/oder sey/ laß gestehn/das ist der dottern. Zu dem Ay nimb darnach den dotter auß dem model/so er wol gestanden ist/nůn darnach den Mandel/der als groß ist als ein ay/ leg denselbigen dotter in den model/geuß den gestercken Mandel in denselben model/ da der dotter in ist/laß es auch gestehn/ so vmbzeiche das weiß das gelb/gibs als härte Ayer/ thů darein für ein Essig ein Malmasier/zuckers fůrs Saltz.

Ein getheilt můß in ein Schüssel zumachen/von vier oder sechs farben.

xx.iij. Machs also/ nimb ein verzinnten sturtz/ den man zusamen legt in vier oder in sechs theyl/ das es gerecht in die schüssel sey/ darinn du das getheilt můß wilt machen/ setz denselbigen sturtz in die Schüssel/ das er an den boden der Schüssel růr/vnnd an allen orten anstehe/ nimb die gemůß rot/weiß/braun/schwartz/blaw/geuß ein jedes můß an ein besonder ort/das stůrtz in die schüssel/mach die můser alle in einer dick/vnd geuß eins als hoch als das ander in die schüssel/ zeuch darnach den eingesetzten sturtz schlecht obersich auß dem gemůß.

Ein

Das erſt Büch.

Ein ſchwartzen Jgel von Weinbern.

xxv. Nimb ein pfund Weinbeer/weſch vnd klaubs ſchön/das nichts vnſaubers darbey ſey/ſchweyb ſie inn einer pfannen/ſo ſie kalt werden/das ſie trucken ſein/ſo ſtoß klein/thů darein Zimmetrind/nägelin/zucker vnd ſaltz/dann ſo nimbs zuſamen/vnd mach ein Jgel darauß. So er bereyt iſt/ſo beſteck jn mit nägelein/das ſeind die pöiſten/ein gulden Muſcat in mund/ſo iſt er bereyt.

Ein roten Jgel.

xxvj. So nimb ein pfund Feygen/weſch das meel darvon/das es trucken werd/vnd hacks klein/ſtoß ſie in ein gewürtz nägeln/thů ſaffran darein/ſo wirt es bald/thů ehrlich Zucker/wann es klein geſtoſſen iſt/darein/ſo ſchlags zuſamen/mach ein Jgel darauß/den beſteck mit nägelein/für die pöiſten/ein Feygen jns maul.

Ein Feygen Sultzen.

xxvij. Nimb allwegen ſechs Feygen an ein ſpieß/mach der ſpießlin wie vil du wilt/ſeübs in ein keſſel oder hafen/geüß gleich wein vnd waſſer darein/nimb dann Brot vnd Lezelten geriben/thů jn an die ſuppen/von den Feygen/honig vñ Eſſig/treybs durch ein tůch/gewürtz alles/vnnd ferbs/es wölle durch einander/legs in ein reins faß/wann du es anrichſt/ſo beſtrew es mit Weinber/gibs kalt.

Ein Reindel von Weinberen.

xxviij. Nimb Mandel ein vierding/oder auff ein halbes pfund/als vil du wilt/oberſeübs/nimbs dañ herauß/ſtoß/oder haſt du ein ſtein/ſo ſeinds beſſer gemalen/wirt vil mehr drauß/vnd wirt die milch fein dick/deñ ſo ſeyhe es durch ein Syb oder tůch/auff das dickeſt ſo du magſt/reyb ein ſemel/thůe in die milch/vñ nim̃ deñ Weinberlin/die klaub fein/vñ

Das erst Büch.

wäsch/thůs in die Mandelmilch vnd geribens brot/mach s
in der dick wie ein koch/geuß in ein Reindel/ salz vñ zucker s
ehrlich/setz das Reindel auff ein glåt/schaw das nit anbriñ/
thů oben darauff ein sitlich glåtlin/so bretunt es sich fein/vnd
gibs warm.

Mandel form macht man also.

rrir. Die mandel form/es sey was es wöl/die macht man al-
so. Die mädel oberstoß/aber stoß in eim mörser/dañ so nims
in ein reibscherben/dz gantz wie ein dicker teig wirt/můß jm-
mer ein wasser zu tröpflen/reibs so lang biß es sich zusamen
lest pallen/solch pallen magst acht tag behalten zu mandel-
suppen/so nimb dieselbigen getribē mandel/treibs mit was-
ser ab/vnd seůchs/mach also ein milch/aber so die mandel-
milch zu einem form wilt machen/treib es mit wasser/darin
Hausenblater gesotten ist/streichs durch ein tůch/man můß
auff ein halb pfund mandel/vier lot Hausenblatern nemen.
Dañ so du es gestrichen hast/so geůß das Hausenblater was-
ser in die mandelmilch/vñ seůds lang/můst vil zucker dariñ
versieden/man můß lang sieden/So es gesotten ist/so thůs
in ein kessel herdan/laß wol oberkůlen/hab ich gesehen/dann
so sihe du/das du ein model habst/von wachs abgetruckt/
müssen zwey theil sein/die salb mit Mandelöl/vnd bind die
selbigen zwey theil mit einem Spaga zusamt/kere das ober-
theil vnder sich/so můst ein blechene scheyben haben/das inn
der mitte ein rörlein hat. So du nun die Mandel in die form
geust/so steck dz rörlein in die form/das nur souil als Visch
weiß gestehe/das du es in die scheyben steckest/es fiel sonst
auß der schůssel vmb. So es nur gestandē ist in dem wächsin
model/so laß den spaga auff/oder hebs in ein warm wasser/
ob es sonst nit gern gehn wolt/setz dañ auff ein schůssel/man
mags vergulden/setz in ein kůle stat/das nicht zugehe/so
mans auff den Tisch will geben/so můstu ein kalte Mandel-
milch

Das erst Buch.

milch (darff nit mit Hausenblatern gesotten werden) in die schüssel/darinn die mandelmodel ist/giessen/das der mandel aller außgehe/dz ist ein höflich essen/beissen beschaw essen.

Gebachen schnitten von gestossen Mandel.

xxx. Nim fast wolgestossen Mandel/das nit ölig werden/treibs ab in eim schönen wasser/schlags durch/das ein dicke milch werd/mach ein Teyg mit meel/wie man sonst zogen schnitten macht/vnd zeuch ein semelschnitten darinn/vnnd bachs ab/ob du wilt so magst du es zuckern.

Ein Torten von Mandel.

xxxj. Nimb Mandel gestossen/gar fast/tröpffel nur mit wasser zu/mach dañ ein schotten/schier als vil als der geriben mandel/rürs durch einander/schlag Ayer daran/das in der dick wirt als ein küchelteig/thu ehrlich zucker darein/vñ weinberlin/mach ein blat von Ayr vnd meel/treibs mit eim wölger auff einander/schlag die obgeschribne fülle darauff/vnd laß in einer Pasteten pfañ bachen/oder in einem Bachofen/nit gar zu lang/wann es sich aber obersich bebümet/vnd hart wirt/so ists genug.

Weinber suppen zumachen.

xxxij. Nimb Weinberlin/klaubs schön/stoß in eim Mörser/das gantz köchlig werden/stoß ein rugkens bachs schnittel daran/treibs mit Wein der süß sey/darnach so gewürtz mit lindem gewürtz/als Zymetrörin/nägelein/muscat/nimb ein wasser vnter den wein/so du es durchtreibst/so ists nit so starck krancken leüten.

Weinber müßlein.

xxxiij. Nimb Weinber/hack sie klein/stoß in eim Mörser/nimb bäwe semel/stoß auch darnach/möcht gar lang stossen/vnd ie ee gar lang gestossen ist/so schlags durch/seüds

Das erst Büch.

ander/thů ehrlich zucker darein/gibs kalt/aber Krancken
Leüten/soll mans warm geben. Vnder die Weinbersuppen
můst auch wol zucker nemen.

**Die Weinbeersuppen magst vber küchlein
vnd anders geben.**

xxxiij. Den Totten von Mandel/nimb ein halb pfundt
Mandel/so er rein gestossen ist mit Rosenwasser/so nimm
darnach ein vogelspeiß mit 5. Ayren/laß gar wol außtrück-
nen/nimb vil zucker ddrein/treibs auff einer schüssel durch
einander/nim darnach auch ein linds schmaltz oder butter/
vnd mehr ein Rosenwasser/mach dann auch ein blat von ei-
nem Ay vnd semelmel/schlags darauff/vñ streichs auff ein-
ander/krentzels vmb vnd vmb/nimb denn ein Ayrklar/das
zerschlag wol mit einem zucker/bestreich den Totten oben
vber/vñ laß fein gemach bachen/das er sich oben vber breü-
ne/gibs warm/wilt du es aber kalt geben/so nimb nicht vil
schmaltz/můst auch zwey ayr anschlagen an die vogelspeiß
vnd gestossen Mandel/so ists bereyt.

**Das ander Büch sagt/Wie man von
Kütten/Obs/vnd von Weichseln kochen
soll. Am ersten von Kütten Pasteten.**

xxxv. Ach es also/Schöl die Kütten schön/
hüls auß als man den Öpffeln thůt/so
mans füllen will/das nichts steinigs da-
rinn sey/das nicht zu dünn sey/Auch
nimm zucker/Zimmetrörn/stipp, Inge-
ber/Muscatstüp/thů inn die geschölten
Kütten/vnnd besteck am ersten die geschölten Kütten mit
nägel

nägelein/Zimmetrörlin/legs fein in den Pasteten taig/mach
ein hüdel von taig darüber/setz in ein Ofen oder in ein Paste
ten pfañ/laß an der halben stund bachen/so werden sie fein
weich/vnd der zucker gibt ein süpplein.

Aber Pasteten von taig.

xxvj. Mach also/nimb ein Weitzenmeel/schlags in einem
Pasteten/zwey Ayr darein/etlich nemmen die dotter/sein d
gůt/das weiß das mache nur lere/vnd nimb ein Wasser da
rein/im schmaltz versotten/geuß auch in das meel saltz/vnd
mach gar ein gůten festen taig/das er sich zu einem taig laß
zusamen machen/vnd hart sey/nur nicht zerschrunden/so
truck mit der hand auff einander/wie ein flecken/aber inn
der mitte laß in ein tropff/dann so nimb ein starcken wöl
ger/treib die vmb vnd vmb auß einander/in der dick als ein
halben finger/dann so truck den düppel mit der gerechten
hand/mit der faust auß einander/mit der lincken heb stets
den außtribnen teyg auß einander/mach den boden nicht zu
dünn/treib jn ehelich vbersich/wirts gleich gestalt wie ein
hütlin/das man auff den boden setzt/darein setz nur die kü=
ten wie vil du ein hin magst legen/vnnd mach vom Pasteten
teyg fein ein deckel/vnd krengels vmb vnd vmb/vnnd nimb
ein Ayrdotter mit dem gelben/vnd mit wasser bestreich ihn
vmb vnd vmb/alßdann so schleuß in in ein Ofen/oder Pa
steten pfañ/gibs kalt oder warm/vnd leg die deck vmb vnd
vmb von den Pasteten/so seind die Kütten hüpsch weich/
vnd wolgeschmack.

Von Piren mach in aller maß wie obsteht.

xxvij. Das dann so lang nicht bachen bedürffen/müst die
Piren auch schelen/vnd mit gewürtz besteckt.

Es ist zu wissen/das eins die Pasteten/darein man die
Küten oder anders legen můß/nit leicht macht/daß es sehr
am ersten/wie man es můß außtreiben. Es fügt nur ein star=

C iij   ckes

Das ander Buch.

des menschdarzu/wann es muß starck sein/man mag auch
wol für das wasser vnd Schmaltz ein feißte suppen nemen/
sey Rindern oder Schäfin/denn die feißte gibt/das er bey
einander bleibet/vnd ist starck.

Torten von Küttenn vnd Birn.

xxviij. Die muß man auch schön schölen/die Kütten zu
viertheil schneiden/must auch ein teig nemen wie vor stehet/
zun Pasteten/treib jhn auß einander/vnnd außen vmb vnd
vmb beüg den teig vber sich/das ein reyff gewiß/in der höhe
zweyer finger/schaw das nicht nidergehe/darein leg die
Kütten gespalten/vnd wölgs auß eim teyg in der dick/wie
ein dicken Affenmund/das ist/oben vber thu gute gewürtz
darzu/vñ vil zucker/magst wol Ziweben darzu auch thun/
der teig zum Torten soll nicht so gar starck sein als zu Paste-
ten/aber mit dem zeüg mach jhn also. Dann mit den Birn
mach es gespalten/vñ vberbachs am ersten/vnd lege in die
Torten/vñ zuckers wol/vnd mit lindem gewürtz/man muß
heiß geben/oben vber schneid es fein gewechlet/die büll darff
auff/darff nit lang bachen als die Kütten.

Torten von Weichseln vnd Amarellen.

xxix. Die nimb/thu den kern darvon/vnd zuckers rein wol
ein/vnd thu es inn den Torten vom teig gemacht/ein deckel
oben daruber/gibs warm.

Schwartz Torten.

Nimb gut Birn/eine oder zehen/vnd brate die/vnd seud
die in eim schwartzen gesotnen wein/darnach so reibs durch
ein sib/nim die dotter von funffzehen Ayren/vnd ein pfund
Mandel gestoffen/vñ durch ein sib triben/nimb so vil milch
als der dotter seind/nim ein halb pfund küchel zucker/Mu-
scatnuffen/vñ ein Muscatblü/Zimetröin/Imber/nägelin/
thu alles durch einander/dann nimb ein pfann mit einem
schmaltz

Das ander Buch. 8

schmaltz/reib Tortenteig/gibs jnn hit3/zu zeytẽ weniger/vnd
mehr/oben vnd vnden mit einer heissen Hafendeck.
Torten von öpffeln.
xl. Nimb öpffel/hack's gar klein/vnd truck den safft dar=
uon/vnd thů gůts gewürtz vnd vil zucker darein/thůs auff
ein außtriben teig/wie zu den vorigen Torten/schlags fein
auff/wie man doch ein flaben macht/vnnd wölg ein dünns
blettel oben vber/das zerschneid gewecklet/hin vnd her/vnd
bachs in ein weil/nit zu lang/gibs kalt/Zimmetrörn stip soll
man darein thůn.
Reindel von öpffeln.
xlj. Nimb gůt öpffel/schneid die in einen Hafen/geuß ein
wenig süssen wein darein/treibs durch ein syb/schlag Ayer
darunder wie vil dich gůt gezimbt/thů ein zucker darein/
thů ein schmaltz inn ein pfann/geuß die öpffel darein/thů ko=
len darunder/vnd darauff/biß auffgeht/gibs trucken oder
gibs in ein süpplein.
Schwartzkoch von öpffeln vnd Birn zumachen.
xlij. Nimb süß öpffel/die schneid gar zu dünnen spältlein/
vnd bachs in dem heissen schmaltz gantz braun/vnnd hack's
gar klein/thůs in ein düpffel oder pfannen/geuß süssen wein
daran/vnd ehrlich zucker/seubs ein weil/stips mit lindem
gewürtz/see Eniß in zucker bachen darauff/das magst du
von Birn auch also machen.
Gefült öpffel zumachen.
xliij. So nimb gůt öpffel/nicht zu groß/die nicht fast saur
seind/schöls/nit schneids/am ersten ein blettlein herab/höl
den öpffel eines auß/doch daß ein raunsse aussen vmbher
bleib/nim ehrlich mandel/stoß/thůs in gehackt öpffel/dar
nach Weinberlein/Zimmetrörn/stüp/ein zucker/vnd schlag
ein frisch Ay daran/füll dieselbig füll in öpffel/thů b3 blettel
wider

Das ander Buch.

wider darauff/mach kleine spießlin/die steck darein/dz das
blat auff der füll bleib/nimb dann ein schmaltz in ein weyte
pfann/laß heiß werden/thů ein hafendeck auch mit ein glůt
darauff/so brent es sich hüpsch/So es nun anhebt weich zu
werden/vnd gleich pumsen/so hebe herauß auff ein Schüs-
sel/wilt gern/so mach ein wenig süß süpplin daran/thů wol
zucker darauff/gibs am letsten/ist ein gůt essen.

Pirn magst gleich also machen/sihe das sie nicht kränig werden.

xliij. Item/man mag Oepffel vnd Pirn ab binßten/das
mans halt nit füle/sonder im schmaltz brest/wie oben steht.

Dunst Pirn mach also.

xlv. Schel die Pirn/laß die stengel dran/bachs inn einem
heissen schmaltz/das gantz braun werden/thůs in ein hafen/
geuß ein süß Weinlein daran/thů ein wenig kümmich vnnd
nägeln stüpp darzu/laß fein absieden/thů ein zucker daran/
ein gesotner most ist fast gůt darzu/es gewint ein dicks süp-
plin.

Oepffel gescherb zumachen.

xlvj. Schneid öpffel/vnnd röst im schmaltz/so es ehelich
geröst ist/so geuß ein süssen Wein daran/nimb ein süpplin
von Wildpret/oder fleisch das nicht verſaltzen sey/gilbs/
slps/thů Weinberlin darein.

Ein eingehackts.

Wilt du ein eingehackts machen/so hack die öpffel/röste
vnd machs wie oben stehet/von zwifel macht mans auch. al-
so/man nimpt auch zu zeiten öpffel vnd zwifel vnder einan-
der/das gibt man vber Wiltpret küchlein/oder vber wo du
wilt/magst du die gescherb haben.

Bachen Kütten zumachen.

xlvij. Machs also/schneyd groß Kütten zu dünnen scheyben/

Das ander Buch.

ben/thů darauß die kern vñ stein/legs in ein warm schmaltz/
das nicht heiß sey/ laß auff einem glůtlein stehen ein stund/
so werdens weich/ dann so nimb ein dünnen teig mit Wein
vnd Zucker gemacht/ zeuchs dardurch/ bachs im Schmaltz
also/ das der teig gelb bleib.

Oepffel zubachen.

xlviij. Man bechts auff vilerley weiß/ etlich macht ein teig
mit Bier gemacht/ darinn bezogen/ man nimbt ein Ay auch
darzu/ man macht jn auch den teig ab mit wein/ vnd zeücht
im meel vmb/ bachs im heissen schmaltz/ sie werden faist.

Item wañ du machst Torten von dem schwartzen koch/
můst auch ein blåtlin außtreiben/ dz schwartz darauff thůn/
vnd bachs dariñ wie ein ander Torten/ magst jhn mit Ciwe-
ben bestecken/ oder rote zirnussen/ die werden gar gůt.

Ein fast gůts můß/ das schwartz ist.

xlix. Schneid gůt öpffel in ein Hafen/ vnnd thů darzu ein
theil der roten Weichseln oder Zweßgen/ auch ein gůt theyl
die mollen von einer semel/ vñ geuß ein wein daran/ laß also
durch einander wol sieden/ biß es fein weich wirt/ so streichs
durch ein siblin oder tuch/ thů zucker darein/ vñ gůts linde
gwürtz/ laß absieden in einer pfannen/ gibs kalt oder warm.

Das dritt Bůch sagt/ wie man von Ayr=
milch/ vnd gemůß kochen sol. Erstlich von Ayrtorten.

Von Ayr Torten zu machen.

L. Eiß Torten zumachen/ so nim von fünff
zehen Ayren das weiß/ zerschlags mit ei-
nem wenigen Saltz/ nimb so vil Milch
als der klopfften Ayr ist/ ein halbs pfund
Mandel zerriben/ oder zerstossen/ treibs
durch

Das dritt Buch.

durch ein sib/thů es darnach alles zusamen/nimb ein halb
pfund zucker/thůs darein/vnd mischs durch einander/thůs
in ein pfannen/mit sampt einem schmaltz/ein kleines teyglin/
ybers schmaltz/das subtil sey/biß es von vnden vnnd oben/
mit einer heissen hafendeck/die wol heiß ist.

Torten von Reiß.

ij. Seub den Reiß/vnd treib jn durch ein siblen/als vil als
der Mandel/nimb so vil als des weissen von Ayren/vnd zu-
ckers/wie oben stehet/so wirts weiß wie die weissen Torten.

Zumachen die obgeschribnen Torten.

So nim so vil als oben stehet/zuckers fein/wann sie gesot-
ten ist/so nim Ambrasien/Mādelsaffte/die durchtriben sind
durch ein sib/mit zucker gemischt/vnd zuckers fein mit Ro-
senwasser/vnd yberzeuch die Torten damit subtil/biß wol/
die eysen hafendeck die thů yber die Torten/so macht es ein
rinden wie Marcipan.

Gůt Torten/nimb ein zimlichs von Berlen/ein zimlichs
von Corallen/ein zimlichs von Ambra/vnd thůs in die vor-
geschribnen Torten/so werden sie ybertreflich gůt.

Torten von grůnem kraut.

iij. Nim Ayr/Vogelspeiß/die laß wol außtrucknen/nimb
gůte kreutlein/Bertram/Maioian/ein wenig Bisem/das
back gar klein/truck das safft darauß/das das gehackt kraut
gantz trucken sey/nimb dann die Vogelspeiß in ein Mösser/
stoß wol/schlags wider an die Ayr/ein wenig sůß Reinbel/
ein wenig geriben semel/zucker/Weinber/thů das gehackt
kraut darein/růre alles vndereinander/vnd stips.

Gemůß Pasteten/Dottermůß.

iiij. Nimb ein halb maß sůssen wein/vnd vier schnitten von
einer semel/sub til gebåwet/seůd es vnder den sůssen wein/so
lang

lang biß einer vber die stuben gehe/rürs durch einander/laß
ein wenig kalt werden/dann so nim vier vnd zweintzig Ayer
dotter/rürs alles durch einander/ein wenig saffran darzu/
zwo hand vol zucker der weiß sey/vnd ein frisch Schmaltz/
als groß als ein Ayr dotter/setz auff ein glüt das nit anbrenn/
rür es mit einem löffel/vnd wann es dick gnüg ist/so geuß inn
ein schüssel/laß kalt werden/vnd ein wenig weinberlein da-
rein/rürs durch einander/mache ein/laß bachen/man mag
solchs gemüß warm auch in einer Schüssel geben.

Torten von Ayrgemüß.

lüij. Torten/nimb ein gute obere abgeraumbte milch/thu
aber souil Schmaltz oder Butter als ein Ay/setz vber ein
fewer in einer pfann/vnd wann es anhebt zu sieden/so nimb
vierzehen ayr dotter/vnnd ein löffel vol semel meel in die ayr
gerürt/ein gantz geribne semel/vnd wañ die milch anhebt zu
sieden/so setz auff ein glüt/rür die Ayr gemach darein/laß
ein wenig sieden/biß es dick gnüg sey/nimb ein hand vol Zu-
cker/vnd Weinber/mache in ein pasteten/vnd auff ein Tor-
ten laß bachen ein halbe stund.

Ayr küchlein.

lv. Nimb zwölff Ayr/vnd ein geribne semel/vnd ein semel-
meel/vnd frisch zergangen schmaltz ein löffel vol/gesaltzen
ein hand vol/schöns wasser/dz der teyg ein wenig dicker sey
als ein straubenteig/vnd der ofen muß fast hinden heyß sein/
vnnd schön außgewäscht/darnach geuß in die pfannen/da
man die küchlein eingeußt/in dem ofen auff den blossen herd/
laß ein viertel stund bachen/wañ du es auß dem ofen nimst/
so schneyde von einander/nach der breyte/vnd nimb ein fri-
sch schmaltz oder Butter/vnd vmbgossen ein wenig/ein Zucker
darauff vnd darein/also beiß auff den Tisch tragen.

Mehr ein Torten.

D ij Nimb

Das dritt Buch.

lvj. Nimb ein gůte Milch/als auff ein halbe maß/schlag vier oder fünff Ayr darunder/ nim̃ Petersil/auch das grün von vier oder fünff zwiffel häuptlein/ die růr als vnder einander/klein gestossen/nimbs in ein tůch/trucks auß/ dz brot oder die brů/in das můß/das es grün sicht/vnnd nach dem zwiffel schmeckt/es můß so dick sein als die ayrmůß/vñ wol zuckert/můß auch nit versalzen sein noch zu sůß/mach den teig wie die kraut Torten/laß jn halb erbachen/schneids auff wanns bachen ist/rür ein wenig frisch schmaltz darunder/ vnd zucker darauff/also heiß auff den Tisch geben.

Gebratne milch zumachen.

lvij. So nimb ayr/die schlag fast durch einander/ thů saffran darein/thů es in ein Hafen/setz in ein siedends wasser/ in ein kessel/das das Wasser nit in den Hafen gehet/laß sieden/ biß das gestockt sey/darnach so schüts auff ein weiß Tůch/ schwenck das wasser daruon/denn seuds hart wie ein Käß/ vnd schneids wie ein Euter/stoß an ein spieß/brats auff eim rost/thů gwürtz dran/vnd begeuß mit schmaltz/vnnd auff den Tisch tragen.

Heydnische Kůchen zumachen.

lviij. Mach ein teig von Ayren/auff das härtest so du kanst haben/machs vnd wölg dünne bletter darauß als ein pfanzelten/bachs im schmaltz/dann nimb ein gůten wein/halb souil Honig/durch einander/zeuch das Bachens dardurch wann du es wilt anrichten.

Torten von grünem kraut.

lviiij. So nimb grüns kraut/Bertram/ist gůt in allen Torten/dañ nimb auch ein wenig Biessen/Meyoran/vnd was dich gůt dunckt/hacks gar klein/nimbs/röst im schmaltz/ vnd reib ein linden käß darunter/der nit starck sey/vñ schlag Ayr dran/an das kraut/vñ ein käß/ thů Weinbirlin darein/ stüps/das ist nur die füll/nim̃ dann ein Ay oder zwey darnach

Das dritt Büch.

nach du jn groß machen wilt/vnd zerschlags gar wol/nimb
daß die pfann/thů ein wenig schmaltz darein/ das die pfann
alle vbernetzt sey mit dem schmaltz/seich das Schmaltz glat
auß/vnd geüß das geklopffet Ay in die pfann/laß vmb vnd
vmb lauffen/das die pfann mit dem klopfften Ay vberzogen
sey/dañ geüß die vorgeschriben füll in die pfann/vnd setz auff
ein rost/darunder schür ein zimliche glütlein/thů ein Hafen-
deck darüber/mit einer glůt/so gehts fein auff/darff nit zu
lang bachen/es geht fein auß der pfann wann dus nur vnden
mit anbrenst/gibs warm auff ein blat.

Ein Torten von Vogelspeiß.

lr. Mach ein Vogelspeiß/die laß gar trucken außseyhen/
nimbs dann/vnd stoß wol in eim Mörser/schlag fünff oder
vier Ayr daran/thů ein lindes zerlassens schmaltz darunder/
eins halbe Ays groß/nimb Weinberlin/etliche zucker da-
runder/vnd vberzeuch auch die pfann mit eim klopfften Ay/
wie vor steht/vnnd Bachs gleich wie ein anders/gar kül/
thůs denn auff ein blat/see Confect darauff/mägst wol mit
Cibeben bestecken/gibs warm auff den Tisch.

Pasteten von Ayren.

lr. So mach ein hohen Pasteten teig/wie es voringesetzt/
vnd schreuß in ein Bachofen/laß nur so lang das er erhärtet/
vñ nit law sey/nim deñ nur etwan auff ein Tisch sechs Ayr
vnd zerschlage/geüß souil raum als der ayr/nimb ein löffel
vol gůts Semelmel/vil zucker vnd Weinberlin/vñ geüß in
die oberbachtn Pasteten/scheuß wider in ofen/so gehts hoch
auff/wirt hipsch rogel darauff/laß nit zu lang bachen/gibs
warm/ist ein hüpsch essen/gibs auff ein blat/zucker drauff.

Ein Ayermůß zumachen.

lrj. So nim das klar von zehen Ayren/zwiers oder riers rein
ab/nim ein süssen milchraum/laß den in einer schönen pfann

D iij sieben/

Das dritt Büch.

sieden/vnd geuß dz klar vndern raum/laß nit zu lang sieden/ so wirdts müssen/thu erlich zucker darein/ gibs also warm. So mans aber gestehn laßt/auff einer zinen schüssel auffgegossen/so hast du ein gesulzte milch/ das gibt man zum letzsten gern/auff den Hochzeyten oder sonst.

Schüsselmuß zumachen.

lrij. So nim auff ein tisch fünff Ayr/zerschlags/ vnd nimb wol zwier souil guten süssen milchraum/thu ein zucker drein/ saltz zumassen/vñ netz ein schüssel/mit ein zerlaßnẽ schmaltz geuß die kalten Ayr vnd raum darein/nimb in ein hafen ein wasser/setz die schüssel verdeckt auff den hafen/ so wirdt es fein vest/auff den seyten deß hafens/so es fein vest wirt/wie ein sultz/so hat es sein genug/vnd ist ein gut linds essen.

Man macht das schüsselmuß auff den form/ also nim Ayr vnd raum/breñ zumassen ein meel darein/ geuß in die schüssel/setz auff ein Tryfuß oder Rost/vñ thu ein Hafendeck mit einem zimlichen glutlein darauff/so becht es sich fein/thu der schüssel nie zu heiß/so es röschwirt/hat es sein gnug.

Auffganges Reindel.

lriij. Mache also/nimb acht Ayr/vnd vilmehr als der Ayr guten raum/saltz ein zimlichs/thu ein lössel vol weitzẽ meel darein/ vnd nimb ein pfannen/ die man offt zum Schmaltz braucht/die nit leicht ist/vnd biß ein schmaltz darein/ nimb gar vil/vnd geuß Ayr vnd raum darein/ setz auff ein rost/ vñ ein Hafendeck mit glut darauff/laß also bachen/so bleibt es sich vnden vnnd oben an/so mans anrichten will/so thu die hafendeck herab/das es sich von der pfañ schaelt/das koch/ sturtz dann die pfañ vmb auff ein schüssel/so felt das Reindel herauß/thu zucker darauff/gibs also auff den Tisch.

Ein gehackts Koch zumachen.

lrüij. So mach ein teyg an mit Ayren/welg jhn fast ab/
vnd

Das dritt Buch. 52

vnd hack den klein/müst stets mit einem wenigen meel zustäuben/weil du daran hackest/hack jn als klein wie ein Reiß
körnlein/dasselb thū ein weyl auß einander/das vbertrucknet/kochs dann in einer siedenden Milch/gibs ob du wilt/
seüds biß dick wirdt/gibs dar.

Häsumbs koch zumachen.

lxv. Nimb drey Ayr auff einen tisch/zerschlage/ein wenig
milch darunder/darnach nimb ein meel nicht zuuil/vnd setz
ein milch ober in einer pfann/das seüd/vnd geuß das teygel
daran/rürs stets/das Häsm werd/seüds nit lang/stoßt sich
sonst/thū ein Trigel oder zucker darauff/ob du gern wilt.

Ein Trösetzt koch zumachen.

lxvj. Mach ein Teygel mit drey oder vier Ayren an/setz ein
gůte ringe milch in ein hafen/zerlaß ein knollen schmaltz inn
die milch/so die milch seüd/so geuß den Teyg tröpffel in die
milch/biß dicklet wirdt/thū auch ein zucker darein/wilt du
es süß haben/gibs daran.

Scherbelkoch mach also.

lxvij. Nim Ayr/gůte milch vñ meel/zwer durcheinander/
thū ein schmaltz in ein pfann/geuß jnn heiß schmaltz/heb es
ober ein fewer/biß dick wirt/so setz dann auff ein glůt/thū
ein Hafendeck mit einer glůt darauff/so seüdt es sich fein rogel/so das Schmaltz herauß seüdt/so hats sein genug/gewindt gut brůmsen/gibs in einer pfannen.

Zottenmůß zumachen.

lxviij. So mach gar ein vesten Teig an/den treyb gar dünn
auß einander mit einem wölger/vnnd schneyd jhn dann gar
klein zetele wie ein kraut/vnnd streuß ein weil auß einander/
das fein härtlet wirdt/vnnd kochs also in einer schüssel/gewölten milchraum/seuds also/vnd zuckers auch/man gibts
für ein kraut/oder für ein můß.

Butter

Das dritt Buch.
Butter muß mach also.
lxix. Mach von zehen Ayren ein Vogelspeiß / thůs in ein seychte pfann / oder reiterlin / das sein trucken außgeseicht / nim dann halb souil söffen gůten butter / stoß / vñ thů vogel-speiß darzu / treibs durch ein seichtpfann / gewirmlet / auff die böch / zuckers gar wol / gibs auff die letst für ein gericht.

Ein durchtribne milch zumachen /
lxx. Mach ein gůte linde Vogelspeiß / nimb ein gůte milch die setz ober / vnnd nimb Ayr als vil du wilt / die Koch gar klein ab / so die Milch thůt als wöls wallen / so geuß die Ayr darein / rürs fein sittlich zusamen / laß außseyhen / vnd treibs durch ein Pfefferpfann fein außkerffelt / nimb dann gar ein gůte milch / die wol zuckert / geüß in das durchtriben Ayr-schüssel / gibs kalt für ein nachteffen.

Ein gesottens koch zumachen.
lxxj. Nimb vier oder fünff Ayer / zwers gar wol / nimb ein wenig milch darundter / vnnd ehrlich zucker / Weinberlein / schmaltz / ein vberglaseürten hafen / geüß die klopfften Ayer darein / verbinds mit einem reinen tüchlein / setz in ein siedens wasser / laß sieden / so wirdts fein als zu einem stöckel rogel / schaw offt darzu / richts am ersten so das Ay zerschlagen ist / schlage durch ein syb / kompt der vogel daruon / man heißt dz essen ein durchschleger / den Kindbetterin muß man für den milchraum ein Fleischsuppen oder Erbesbrü newen.

Ein Ayr gemůß zumachen.
lxxij. Nimb Ayer als vil du wilt / zerschlage rein wol / nimb ein wenig Schmaltz in ein pfannen / geüß die klopfften Ayer darein / saltz am ersten / rüre auff eim glütlin ab / reybs státs mit eim löffel in der pfannen / das nit vberig dick wirdt / das gib in einer pfannen / ist sein aber vil / so richts auff ein schüs-sel an / vnd stüps.

Ein

Ein gůts härtel zumachen.

lxxij. So nim auff ein tisch vier oder fünff ayr/ zerschlags/ zwir souil oder nur gar ein gůte Milch/ saltz/ schneyd dann gar dünne schnitlein/ gar auff das dünnest vnnd klein in die Ayr vnd milch/ nimb ein pfannen die nit leicht sey/ geüß da rein/ setz vnnd schür ein glůtlin vnden vnnd oben/ darauff ein hafen decken mit glůt/ so bächt es sich fein/ hüt fein/ das es sich nit anbrenn/ so es nun vest ist/ so stürtz auff ein schüssel/ so ists ein feins Reindel/ thů ein zucker darauff.

Ein andere.

lxxiij. Nimb Ayrmilch/ semelschnitten/ wie obsteht/ nim ein wenig schmaltz in ein pfannen/ geüß darein/ vnnd růrs zusamen wie ein gemůß/ gibs auff einer Schüssel/ můß nicht zu lang sieden/ ist ein gůt kind můß.

Ein gůts härtel mit Wein.

lxxiiij. Nimb auff ein Tisch sechs oder acht ayer/ vnnd ein maß süssen wein/ vnnd klopffs durch einander/ Saltz/ brock ehrlich bawt schnitten darein/ vnd geuß in ein pfann/ darinn ein wenig schmaltz ist/ setz auff ein glůt/ so wirdts fein dick/ mußt darnach wol sieden/ das mag ein Kindbetterin/ oder Aderlesser essen.

Schneemilch.

lxxv. Nimb ein süssen raum in ein hafen/ schlag jn mit einem spritzel/ das seimbt/ heb denselbigen faim herauß auff ein durchschlag/ oder saubers Reindel/ so du nun vil faimb hast/ nimb drey oder vier bawt semelschnitten/ geůß dz rům le darauff/ see Weinber darauff/ vň schüt dan den faim dar auff/ das er hoch haufftig sey/ es zergeht nie/ wann es acht tag steht/ gibs also dar/ wann man mit dem löffel auff den faim greifft/ hebt eins nichts/ ist für abenthewr ein essen/ aber auff die schnitten ist es gůt/ můßt die milch wol zuckern.

E Docken

Das dritt Buch.
Docken milch zumachen.

lxxvj. So nimb ein gůte milch/die new gemolcken sey/vnd setz das warm steht/vnd baiß mit einer baiß da man Käß mit baiset/als groß zu ein viertel Milch als ein bon/oder darnach die baiß gůt ist/So es nun gestehet/so můß mans schön herauß heben mit eim seimlöffel auff ein decken/die da mit stro gemacht/stürtz die decken sein zusamen/vnd schwers/so sitzt das wasser sein daruon/vnd stürtz auff ein blat/nimbs an orten mit einem messer ab/das sein eben vñ viereckett auff dem blat lig/wie ein Lezelten/see zucker darauff.

Gesultzte milch.

lxxvij. Nimb ein süssen milchraum/wöl jn in einer pfann/geuß in dann in einen schönen hafen/vnd nimb das klar von zehen Ayren/das zerschlag rein wol/vñ gůß in die siedende milch/vnd rürs gar stäts/můß nit lang sieden/weñs mäßlet wirt/so rör ein zucker darein/saltz ein wenig/richts zusamē auff ein zinschüsstl/so gestehets/von den dottern mach ein Ayrschotten/den thů in ein form/so er außsiücht/thů jhn in die mitte/genß erst die Sultz darüber.

Item man macht ein Ayrschotten/thů in in ein form eins Visch/steht gar wol/magst jn mit mandel bestecken/vnnd gůte süsse Milch geuß daran/ist ein gůt essen auff die nacht am letsten.

Tauffte milch.

lxxviij. Nimb Ayr als vil du wilt/zweymal souil raum/rürs in ein häfelein durch einander/verbinde den hafen/setz in ein siedent wasser/so es zusamen seübt/magst du mit eim löffel außher hebt auff ein schüssel/gibs warm/thů zucker drauff.

Geschnitten flecken von ayren.

lxxix. Nimb Ayr als vil du wilt/zerschlags rein vñ wol als wann man ein pfanzeleen wil machen/nimb dann ein weyte

pfann/

pfann/das Schmaltz/das heiß wirt/geuß dann die kochten
Ayr darein/das die vberzogen sey/laß also erhärten/so schelt
es sich fein von der pfannen/magst wol vmbkeren/so du der
blatten etlich hast/so schneids klein/thůs in ein hafen/vnnd
back ein zwiffel gar klein/röst jn fein im Schmaltz/geuß ein
essig ins pfändlein an zwiffel/laß lang in essig sieden/thůs
dann an die geschnitten Ayr/vnd geuß ein Erbesbrů für ein
fleischbrů daran/gilbs/stips/so du es daran geust/so brenn
ein meel ins stüplein/so wirts dick/laß ein gůte weil sieden/
gibs also für ein riche/an einem Freytag oder Sambstag/so
sehens gerad als werens fleck.

Ein gůten Torten von Ayren.

lxxx. So nimb auff ein Tisch acht Ayr/zerschlags gar wol/
nimb dann ein süssen raum/vil mehr als der Ayr/den laß sie-
den/vñ geuß jn vnder die Ayr/vñ brenn ein meel im schmaltz
ab/ohn gefehr ein gůten löffel vol/geuß die Ayr vñ raum in
die pfañ/dariñ du das meel brennst/rürs wol durch einander
oder zwiers/vñ saltz/nimb ein zucker darein/nimb dann ein
pfañ/dariñ ein wenig Schmaltz ist/biß das die pfañ vberal
schmaltzig ist/seyche schmaltz ausser/vnd vberstüp die heiß
schmaltzig pfann mit grieß/vnd geuß daß die Ayr vñ milch
wie vor stehet darein/setz empor vber ein glůt/vnd mach ein
Hafendeck heiß/vnd thů ein heisse aschen darauff/vnnd ein
glůt/vnd laß also sitlich bachen/so wirt es vnden vnnd oben
braun/vñ gehts schon auß der pfañ/strew ein zucker drauff.

Ein gůt ayr gemůß oder Torten.

lxxxi. So nimb ein grieß oder meel/vñ geuß durch einan-
der/brenns im schmaltz wol ein/nim ein grieß/nim daß acht
Ayr auff ein Tisch/zerschlags rein wol/vnnd nimb ein süssen
milchraum darunder/vñ geuß an den einbrenten grieß oder
meel/seuds das ein dick můß wirt/nim daß Weinberlein da-

E ij   rein

Das dritt Buch.

rein ob du wilt/nimb dann ein andere pfannen/darinnen ein schmaltz gehitzt sey/darein geüß das vorgeschriben koch/setz auff ein zimliche glütlin/vnnd hitz ein hafendeck/thüs auff die pfannen/vnd leg auch ein glütlin auff die hafendeck/so breünt es sich vnden vnd oben/laß also langsam bachen. So du es anrichtest/so stürtz die pfannen vmb/so felts fein gantz herauß/zuckers/gibs dar/muß dick sein/breyteit/so wird es gleich wie ein dicks Schmaltzkoch. Durch Meyster Hans Schatzmeyster diener.

Das vierdt Buch/sagt von allerley Fischen wie man sie kochen soll. Erstlich von einem bratnen Kapponen/wie der in der Fasten zumachen sey.

Von Fischen.
Lxxxij.

Er in der Fasten machen will ein bratnen Kapponen/der laß ein hültzen Model graben/darinn zwey theyl gegen einander ist/als ein Kappon formiert/so mã ein teig darein gegen einander trucke/so nimm Visch thü die gredt vñ die schupen daruon/hack das bret vnder einander klein/vnd gwürtz es gar wol/dann schlags in den model/darinn seübs/biß es bey einander bleibt/darnach brats/spicks mit höchren brät.

Ein Rachbraten zumachen in der Fasten.

lxxxiij. Der nim groß Visch/welcherley des sey/thü die gred vñ schupen daruon/hack das brät gar klein/reib ein semel brot

Das vierdt Buch.

brot darunder/vnnd gewürtz gar wol/mach zusamen mit naffen messern/auff einer anricht/in den form als ein Rächbraten/legs in ein pfañ/vñ erwöls/steck's an ein spieß/spick's mit grünem kreütlein vnnd höchten brät/so wirdts gleich wie ein Rächbraten.

Ein weisse Sultz von Vischen zumachen.

lxxx. Von erst nimm ein Visch ein höchten/oder was für ein Visch ist/seüd jn ab mit wein vñ wasser/saltz jn mit massen/nimm Mandelkern/die reib in eim scherben gar wol/darnach schlag jn mit gütem lautern wein durch/dann leg die Visch inn ein pfannen/zeüch jn die haut von erst ab/mach die suppen nit zu dick/dz sie fein weiß sey/thū ein wenig Jmber stüp darunder/vnd zuckers/laß einsieden biß gar werden gesotten/seych die brü ab/biß ein wenig vberschlegt/leg die stuck auff die schüssel/geüß die brü daran/schöpff das vberig herab/wilt du Gold darauff haben/oder von Büchstaben/das magst du auch darauff machen.

Pasteten von Vischem.

lxxxv. Vor hen Pasteten die mach also/saltz baß als die andern Pasteten/mit dem Wildbret/nimb so vil Jngber/als Pfeffer/ein wenig Weinber/laß ein stund bachen/Hechsen Pasteten mach auch also/oder die Brachfisch/oder die Karpffen/die gantz seind.

Von schwartzen Karpffen.

lxxxvj. Die Pasteten/so schneid jn zu stucken/mach ein stuck nach dem andern/eingewürtzt/vnd gesaltzen/vnd eingelegt mit demselbig gewürtz/als die andern Visch vor geschubt/ dartzu ein wenig allerley gewürtz/ein wenig zucker/weinberlen/Lemonien/ein wenig Vischschmaltz/auch den schweiß von den Karpffen/ein wenig mit wein vnd essig abgerürt/ als mit einander eingossen/zudeckt/laß bachen zwo stund/

E iij Alle

Das vierdt Buch.

Alle Pasteten mach auch also/ulich nemen für den essig süssen wein/vnd für Lemoni ein zwiffel/auch Weinberlein/laß gleich so lang bachen als die ander.

Ein Pasteten von gebachnen Höchten.

lxxvij. Nimb gestossen Mandel/vnd gestossen reiß waß du die Höcht bechst/so thů die greb all daruon/vnd den geschelten mandel stoß besonder/auch den teig/darnach löß dz brät/vnd stoß alles durch einander/misch mit einem gůten pfenwert milch/mache nit zu dünn/das es dannoch ein gemůß sey/thů ein lot zucker daran/gilbs/saltz zumassen/mach ein teig wie zu einer Pasteten/thů das vorgeschriben inn die Pasteten/thůs in ein ofen/laß bachen/das nit verbrinn.

Wie man ein Höchten füllen sol.

lxxvolj. Wilt du ein Höchten füllen/so zeuch jhm die haut ab biß auff den schwantz/zerreiß die haut nit/vnd zerschlag die haut nie/vnnd schlag die haut in ein naß thůch/darnach löß das brät mit einem messer vom grad/hack dz brät klein/nimb darzu ein rochs ay/zwiere vnd schlags/vnd Saltz das brät wider an dem greb/zeüch dan̄ den balg seüberlich daruber/biß an das haupt/darnach leg jn in ein wol gewürtzte brůh/mit wein vnd essig/seüds biß sein gnůg hat.

Von heiß gesotten Vischen.

lxxix. Der die Visch wol vnd gůt will sieden/laß die visch nit lang abgschlagen stehen/setz in ein wasser in einer pfann oder kessel vber/vnd geuß gůten essig vber die Visch/Saltz das můst am kosten haben/so das Wasser seůd/so schütt die visch mit dē essig in die pfañen/laß frisch sieden/darnach die visch seind/darnach döiffens siedens/so der feim weiß ist/vn̄ sich der grad vom brät laße schölen/so haben sie sein gůdg. ꝛc. Die Höchelen bedürffen mehr Saltzens vnd Siedens/als die Äsch vnd Forhen.

Das vierdt Buch.

xcj. Es ist auch zu wissen/ob ein Visch / es wer was Visch es were/Mürelen/so nimb ein lebendigen kalck/wirffs in ein pfann/so es am besten seudt.

xcij. Item/der die Karpffen güt will sieden / der gieß den essig nit frü darein/vnd laß sieden darein/sonder gleich/was du sie ein wilt legen/so seuch den essig bald ab den Vischen in die pfann / so behaltens die schüpen/ die haupstuck leg am ersten darein/vnd laß sieden/darnach leg dann die dickesten stücklein/vñ laß sieden biß der saim rot wirt/seichs ab / kehr die pfañ vmb auff ein schöns rupffens tüch /so werdens trucken/laß das heiß auff den Tisch kommen.

xciij. Die Äschen bedörffen fleissig sidens / sie werden gern weich/ so ist güt das man wein / süß wasser in die pfañ nem/ oder doch halb wein vnd halb wasser/es thüts wol ein schlechter wein an die Visch/geüß güten essig daran/vnd saltz/so werdens hüpsch hart / leg auch die kurtzen stuck am ersten ein/nur ein güts rösch feür darunder.

Die Kappen.

xciiij. Nimb die Kappen/geüß den Essig darüber/ das sie sich gantz abschlagen im essig/Saltz/schüts also in das siedent wasser/ so sie sich bey den kröpffen auffthünd / oder der rugken hart wirt/so sond sie genüg.

Pfrillen.

xcv. Die Pfrillen müß man zu wassen saltzen/ vnd auch den Essig bey zeit daran giessen/man darffs nit lang sieden/ etlich essens gern also/wañ die Pfrillen gesotten seind/so richts auff ein zynen Schüssel oder blatten an/nim ein wenig essig laß jn wallen/geüß ober die gesotten Pfrillen / vñ thü Ingwer stüp darauff/vnd brieß ein Schmaltz darauff.

xcvj. Es ist zu wissen/wer die Visch wol sieden wil / so du es gar an die stat gesotten hast/vnnd das abgesigen seind / sibe

das

Das vierdt Bůch.

das du ein gůten trunck Essig lassest wallen/geüß an die gesotten Visch/laß darinn ein sudt thůn/seychs fluchs ab/so werdens härt.

Pfrillen in butter.

xcviij. Nimb die Pfrillen/vnd saltz nit zůuil/vnd ein mässel wein zu einem mässel Pfrillen/in ein pfannen/vnd thů Butter in den wein/als groß als ein Hennen Ay/vnd laß sieden/vnd schüt die Pfrillen hinnein/nit zu lang/vnd gibs.

Grundel.

xcviij. Seuds wol/geuß auch den Essig daran/das sie sich abschlahen/so werdens fein blaw.

Rutten/ist ein Visch.

xcix. Den můß man in einer pfannen/in ein kalt wasser legen/vnd nit fast saltzen/vnd gar wol sieden/so er sein genůg hat/so trůckne jn mit einem essig ab/oder wein ist besser/so werdens nicht zech/man mags heiß gesotten geben/oder in ein gelben süplein.

Hůchen.

c. Löß den grat/den gib in einem gelben oder schwartzen süpplein/wie du hernach wirst hören/die Hůchen dürffen fast wol siedens/bedürffend auch saltzens.

Salmling/Schlein.

cj. Seud man die Forhen/die Schlein die můß man in ein heiß wasser legen/ehe mans auffthůt/vnd auß dem Wasser nemen/vnd ein Kupffen tůch genomen/also wol abzogen/dann so gehet ein schädlicher schleim herab/solche Schlein dürffen als wol siedens/als ein Kälberin fleisch/ist ein schlechter Visch zubereyten.

cij. Praßen sůde man wie die Karpffen.

Schwartze

Das vierdt Buch.

Schwartze süpplin an die Karpffen zumachen.

ciij. Ein schwartz süpplin an die visch Karpffen zumachen/ so hebe den thron/ dz ist den schweiß vom visch Karpffen/ hůdchen/ dann so nimb ein rucken brot schnitlein/ bäe es/ das schwartz wirt/ zerbrocks/ vnd geuß ein Wein daran/ laß sie den das weich wirdt/ vnd treibs durch wie ein pfeffer/ vnnd machs mit wein ab/ thů was darein dz süß wirt/ nägelstüp/ von dem durchtribnen schnittel wirts fein dick/ sonst nimbt man ein geribnen lezelten/ zwir bachen/ aber mit dem schnittel ist zimlicher vnd gesunder. Solliches süpplein laß ehrlich sieden/ vnd seud den visch im saltz/ wie man dann den Visch soll sieden/ So er gesotten ist/ so klaub die stuck fein auff ein weyte schüssel/ geüß das süpplein vberal auff die stuck/ vnd stipe mit Jngber oder Zimetrörin. Den thron oder schweiß vom Visch/ so du jn fahest/ den můß man vorhin in ein wein faben/ das gibe dem süpplein die schwertz/ So man aber den thron nit hat/ so mache mans schwartz wie oben steht/ bäe rugken schnittel.

Schwartz vnd gelben süpplein an die Visch zumachen.

ciiij. Man seüdt die Visch am ersten fein ab/ im Saltz/ darnach so seüchs ab/ vnd seüds an das süpplin/ nimb ein gůten wein/ gilb jn wol mit saffran/ gewürtz es ab/ darnach mans scharpff will haben/ thůt mit nägelein es machts nur schwartz aber leg darzu Muscatblů/ Zimetrörin/ Jngber/ muscat/ ein wenig pfefferstüp/ seüds also alles vnder einander/ vnd wañ die Visch abgesigen hast/ so geüß das süpplin daran/ vñ laß ein wahl in dem süpplin thůn/ so sahen die Visch dz gewürtz an sich/ magst mit der schwartzen suppen auch also thůn/ aber die suppen wirdt scherpffer vom Saltz/ als wañ du den Visch nit sieden last im Süpplein.

J   Den

Das viexdt Bůch.

Den grab von einem Hůchen/ oder sonst ein grossen Visch einzumachen.

cv. So nimb ein gůten wein/halb säßhaft du nicht süssen wein/so nimb zucker/gilbs gar wol/back etlich zwiffel/vnd ein oder zwen geschölt öpffel auch gar klein/wirffs inn das gelbe süpplin/laß also lang sieden/thů Muscatblů darein/ gůts gewürtz/so der Visch schier an die stat gesotten ist/so laß in auch ein sudt im süplin thůn.

Auff ein andere form Visch einzumachen/ wie die Köch pflegen zuthůn.

cvj. Es sey ein Grab/Asch oder Forhen/so nimb die stuck des visch/saltz hüpschlich ein/Ist der visch groß/so můßt jhn desto lenger im Saltz lassen ligen/darnach nim ein stuck eins nach dem andern/streiff mit dem finger dz maiste Saltz darvon/legs in ein kessel oder pfannen/nimb dann gůten süssen wein gleich vngesotten an die visch/gewürtz/gegilbt/mit sampt gehacktem zwiffel/laß alles mit einander sieden/Ist der visch ein Hůchen/so darff er lang siedens. Die gelben süpplin ober die visch magst wol mit Lemoni kochen/sind fast zimlich zu essen/die Lemoni zerschneid/vñ in die suppen sieden/Wann du die Visch in die Suppen anrichst/so leg die schnitten von Lemoni oberal Jngber/auff die stuck visch. Man mag die visch in schwartzen süpplin auch also kochen/ das mans am ersten saltz/visch vñ kraut alles mit einander gesotten/aber nicht darff der Grab/gwürtz/wein vnd zucker.

Visch oder Pfrillen in Butter zukochen.

cvij. Seinds Forhen/saltz auch ein/laß ein kleins im Saltz ligen/darnach streiff auch das Saltz darvon/nimb wein vñ ein süssen butter/als ein Hůnen ay/in ein wein gilbs/gwürtz geüß an die Visch/vnd laß die visch darbey sieden/biß sie genůg

Das viert Buch.

nutz haben/ so richts an mit der Suppen/ das Petrofilkraut
ist gar geschmack/ so mans daran seudt.

Pfrillen im Butter.
cviij. Seudt man auch in wein/ mit einem Butter gelbe/
gewürtzt/ vnd die Pfrillen sprentz am ersten ein mit Saltz nit
zuuil/ vnd schütt in den gesotten wein/ laß nit zu lang sieden.

Pollische süpplin.
cix. Item Visch in einem Pollischen süpplin zu machen/ so
nimm Petersilwurtzen ein guten teil/ laß gantz weich sieden in
ein wein/ So sie gantz weich sind/ so treibe durch ein sib die
gesotten Petersilwurtzen sampt dem wein/ mehrs mit einem
süssen wein/ gilbs/ stipps/ laß wider sieden. So du nun den
visch an die stat gesotten hast/ so geuß die vorgemelt suppen
an den gesotten visch/ laß in an die stat gar sieden in der sup-
pen/ werden gar vast wol geschmack/ hat man nit Petersile-
wurtzen/ ist zwiffel gut/ schöl die zwiffel häupt/ nimbs gantz
nit zerschnitten in ein häfelein/ geuß ein wein drau/ laß kocht
weich sieden/ treibs durch wie den Petersil.

Gesultzte Visch zu machen.
cx. So nimb den Visch/ es sey Höcht/ Asch/ oder Karpffen/
die Schäpen haben/ schüp sie/ vn seuds im Saltz wie andere
heiß gesotten Visch/ laß also sieden/ doch nit gar an der stat/
Also/ seuchs dann ab wil eu gern/ so klaub die Visch auß der
gesaltzten pfann in ein andere/ oder wesch auß/ vnd geuß die
hernach geschriben Sultz darein/ vnd laß in der Sultzen an
der stat sieden/ aber dem Visch müß man desto baß Saltz ge-
ben/ wann die Suppen zeuchts an sich.

Die Sultz mach also.
cxj. Nimb guten süssen Wein/ ob du jn haben magst/ Rein-

Das vierdt Büch.

fal ist sehr gůt/ein halbe maß/wer dañ gesotten most kan haben/ist ubertreffenlich gůt/nimb auff ein tisch wol drey maß vnd gilbs wol/So du es für gůt leüt machst/müß man den saffran nit sparen. Vm̃ Hausenblatern/auff ein tisch schier ein quintlin/so es kalt ist am Wetter oder Winterzeyten/so gestehn die sultzen gern/man darff nit vil Hausenblatern/ Aber im Somer must auff ein Tisch wol ein halb lot haben/ vorauß die gesultzte visch die nit schůpen haben/die dürffen auch vil mehr Hausenblatern/So nimb dann ein wein/mit sampt den Hausenblatern/vnd siůds fast wol/das gwürtz thůn nit von stund an drein/erst so du es an wilt richten. Ingberstůp ist nit gůt/machts trüb/sonder zu kleinen bröcklein geschnitten die Jngber/offt also gesotten/Muscatstip/Muscatblů/auch geschnitten/vnd Zimmetröhrn/die see auff die stuck/vnd so du sie anrichst/nimb ein pfefferstůp auch in die Sultz/gib jm die scherpff/ob du wilt. So nun der Visch gesotten in der sultzen genůg hat/so seybe die sultz herab/vnnd klaub die stuck visch fein auff ein weyte schüssel/vnnd geuß die sultz darüber/thů ehrlich Mandelkern darein/vnnd see Weinberlin darauff/wans gestanden ist/sie fallen sonst gen boden/setz an ein küle stat/so gestehts hüpsch.

Es ist zu wissen/wer die Sultz lauter vnd schön machen will/so versieud ein Prackel allein in der Sultz/die Sultz můß man gar gemach versieden/sitlich/so du den Visch darinn seudst.

Auff ein andere art vnd form.

crij. Die Sultz fisch wie es die Köch brauchen/so nimb den Visch (so es ein geschůpter Visch ist) schůp jn/mach jhn zu stucken/saltz jn ein/laß jn ein weil im saltz ligen/wäsch dann die stuck wider auß/so kompt der schleim vn das oberig saltz darumb/geuß gůten süssen wein/wie vornen stehet/daran/
wol

Das vierdt Buch.　59

wol mit saffran gegilbt/du magst jn in eim hafen wol sieden/
oder in einer pfann bey einem kolfewr/ nur gar gemächlich/
so seud sich das feist vnd der feim sein hindan/ zusamen/ das
schöpff dann stets mit eim kochlöffel ab/ So es ehrlich ver=
seimbt hat/so thů dann das Gwürtz darein. Die Karpffen
bedürffen keiner Hausenblatern nit/wann mans in der sultzen
seude/ aber zů den andern Vischen muß man dannocht ein
Hausenblatern nemen. Es ist auch gůt das man weiß Erbes
seůdt/seind geschmach/biß die suppen fein süß wirt/ Solche
suppen möchtest du auch wol vnder die sultz nemen/ nur nit
zuuil/das nit wässerig werd/ auch die schůppen vom visch/
bind sie in ein schöns saubers tüchlin/laß also in der sultz sieden/
die mag auch gesteben. So du die Sultzfisch anrichst/wann
du es für gůt Leůt machst/so nim dann die Visch stuck/ legs
sein auff ein zinliechte Schüssel/beseh die stuck mit grob zime
meerdin stip/vnd Muscatblů/die hack klein/ vnnd geuß die
sultz darauff oder darüber/thů ehrlich Mandelkern darein/
setz das kül hab/so gestehts gern/ Solche sultz mag man ver=
gulden/die Visch stuck.

Visch im Kaschanat.

cxiij. Die ist man kalt/so du Visch hast/als Höchen/Barm/
Asch/Höcht/Salmling/ oder was für ein Visch es ist/ so
nimb die gesotten Visch/legs auff ein Schüssel/ oder zynen
blat/so die kalt werden/so geuß ein essig auff die stuck vberal
vmbher/vnd schneid ein zwiffel gar klein/besee die stuck da=
mit/auch mit Petersilkraut/vnd andere gůte kreüter/thů
auch auff die Visch/so werd ehe hübsch hart/seind fast gůt
zu essen. Wahn zu zeyten Visch vberbleyben/den mag man
also thůn/oder so visch verhanden weren/die man nit behal=
ten möcht/die seud man schön ab/vnd legs in ein glasůrten
hafen/als offt ein leg visch/als offt darnach ein leg gestrewt
auffgeschnitten zwiffel/vnnd klein geschnitten gräns kraut/

S iij　kanst

Das Nierdt Bůch.

kanst du es haben/vnd geuß den essig darauff/Solch Visch die lassen sich acht oder zehen tag behalten/werden hüpsch hart vnd lustig zu essen/magst jnmerzu daruon nemen/die vberigen in Reschanar behalten.

Kalt Höchten macht man also.

cxiij. Thů den Höchtam rugken auff/Saltz jn ein/das er ein weil im saltz lig/leg jn darnach auff ein rost/eingemacht mach kol darunder/nur nicht zu heiß/begeuß jhn mit einem Schmaltz/das er fein liecht braun sey/das er sich nit beseng/darnach seyhe das Schmaltz von dem Visch/vnd nimb ein sauren Wein/wie man ober dem Tisch trinckt/vnnd als vil Wein/souil essigs darzu/geüß es an die Visch zum Höchten der ein pfund hat/bey einem mässel/des Süpplins můß nit vil daran sein/vnd nimb ein löffel vol Jngberstüp/Nägelstüp/muscat/ob man gern will/laß also an dem Visch wol einsieden/das der Wein wol daran gesotten sey/so werden gar gůt/kein Pfefferstüp nimb nit.

Die Höchten mit dem Speck.

cxv. Machs also/Seüd den Höchtan die stat/vnd nimb klein gewürflet Speck/laß jn lüt auß in einer pfannen/auff einem glüelein/vnd nim Wein vnd essig vnder einander/den außgelaßnen Speck seyhe auch daran/thů Jngberstip darein/laß wol sieden/vnnd so du den Visch anrichtest/so mach den Speck heiß/vnd brenn jhn mit sampt den brocken auff den Höchten/so ist er bereyt.

Knödel auch Würst von Vischen.

cxvj. Nimb ein brät eins Visch/hacks gar klein/nimb daß ein frisch ay oder zwey/darnach das brät ist/schlags darein/rürs ab/nit zu dünn/thů Weinberlin darein/vnd zwirles ab mit gůtem linden gwürtz/Vnd so du ein grossen Visch auff chüst/als Höche/oder sonst ein grossen visch/so wäsch dann den schön auß/vň thů des gehackten bräts diein/verschop nit/

Das viertdt Buch. 20

nie/es thůts gar ein wenig bråts in ein Wurst/binds schön an beyden orten/das der darm nie zeruissen sey/nimb dañ ein lauter Erbesbrů/leg die wůrst darein/laß wol uberfieden/ die knödel von disem bråt leg auch zu der wurst/oder besonder/so sie ein weil gesotten haben in der Erbesbrů/also mach darein ein gelbe süplin/wie mans an die visch macht/vñ laß die Würst vnd die Knödlen gar dün absieden/wie die visch/ es sey der grad oder sonst ein visch/in Suppen kocht/so nim bann vnd schneid die Würst zu scheiben/vñ legs zu den eingemachten vischen/deßgleichen auch die Knödel/legs auch gantz darzu/ist ein höflich essen.

Item/die Köch saben den schweiß vom Visch/vñ hacken ein bråt klein/ein Ay damit/hack auch die Leber vnder das bråt/gewürtz fast wol/vnd saltz ab/vnd schöps in darm/vñ legs gleich an die stat/mit dem visch in die Suppen/dz alles mit einander sied/darnach zu scheiben geschnitten/vñ aussen vmbher gelegt/es sey im süplin oder in der sultzen/In Sultzen mag mans auch vergulden/legs ehrlich an den rauñffe in der Schüssel/so sicht man das die Suppen darüber gehr.

Auff ein andere weiß Würst zumachen.

cxvij. So hack das bråt klein/nim ein mollen von einer Semel/backs auch darunder/aber nit halb so vil als des bråts. So es schier gehackt ist/so nimb schön erklaubt Weinber/ hack sie auch darunder/gwürtz ab mit Zimetrörn/Muscatnuß/Muscatblü/saltz zumassen/nim dañ kleine spißlin/etwan ein daumelen lang/vnnd netz die hånd in ein schöne laws wasser/vñ machs an ein spißlein/in massen wie ein wurst nit zu lang/wann es bleibt nit/legs mit beyden orten zu einer zimlichen würm am spißlein/gegen einer glůt/drewe es imer vmb/so es nun hart wirt/so legs mit dem spißlein auff ein bretlin/greiff mit der einen hand darauff/mit der andern zeuch spißlein an dich/so bleibt das würstlein ligen/beuge
das

Das vierdt Buch.

das einer wurst gleich sech/ vnnd obersende mit Erbesbrů/ wie vorstehet/ darnach legs ins Süplein/ setz an die stat zur stürtze/ legs zu andern eingemachten vischen/ in ein schwartz dicks Süplein/ du magst auch geben wie ein pfeffer gewürtzs

Item ein gespickten braten von Vischen mach also.

cxviij. Nimb vnd schup ein Vischy vnnd schneyd das brät herab/ so meinst du magsts also roh/ nim dann vnd schneid den grad da das ander anhange/ laß das brät gar därhon/ nimb dann die zwey brät/ vnnd hacks vnd einander/ nimb Saffran vnd stup/ vnd ein wenig eingeribnen Semel darunder/ vn zwey Ayr/ zu einer Schüssel/ das vest vnd starck sey/ Nimb das gebrät/ vnd mach darauß ein Braten/ das er dir gefall/ vnd laß den Braten ab einem brätlin fallen in ein siedens wasser/ oder zumal in ein Erbesbrů/ das raum hab inn der pfannen/ So er wol gesäudt/ so stoß jhn an ein Spieß/ vn bestreich jhn mit roten ayrdotter an dem Spieß gegen dem fewr/ vnd nimb ein weiß hartes Ay/ schneyd es nach der leng/ als die Specklin/ vnd spick den Braten.

Item der ein gefülten Visch machen will.

cxix. Der nem ein Visch dem die haut abgezogen ist/ wol eines zwerchen fingers lang/ von dem Schwantz/ das nichts darauß kom/ vn schöl das brät schön/ ledige von dem grad/ laß wol sieden/ hack die lebern/ vnnd brats mit gwürtz vnnd Weinberlein/ nimb des bräts ye ein wenig/ schlags vmb den grad/ zeüch dann die haut darüber/ wann der grab gefült/ mach dann kleine zwercken/ legs auff ein rost/ vnd den Visch darauff/ laß jn fein langsam braten/ so ist es bereyt.

Ein gemüß von Vischen.

cxx. Der neme das Ingeweyd herauß vnnd reinige das/
hacks

Das vierdt Büch.

hack wol/thů die gallē darvon/nim dz bret der fisch/seüds ab/vnnd seichs alsdann schon ab/stoß die fisch gar wol mit Mandelmilch/vñ mit weissem brot/geweicht in ein Mandelmilch/treibs durch mit einem gesotten Reiß/thů in ein pfañ/laß es erhitzen/rüre wol/vñ versaltz nit/ist es zu dick/ so rür mehr Mandelmilch darein/thů ehrlich zucker darein.

Ein Rächbraten in der Fasten zumachen.

cxxj. So nim fisch bräd/wie vil du wilt/die groß sein/thů den grad vnnd die schůpen darvon/hack das brät gar klein/ reyb ein semel darunder/mach es zusamen mit einem nassen messer/auff einem anricht/in der gestalt als ein Rächbrat/ stoß an einen spiß/so ist es bereyt.

Ein Pasteten zumachen von bachen Höchten Mandel.

cxxij. Mandel vnnd gestossen Reiß/wenn du den Höchten bechst/so leg jn auff ein anricht/vnnd thů den grad all darvon/die geschelten Mandelkern stoß besonder/wann er nun gestossen ist/so stoß es alles vnder einander/den Höchsten vñ Reiß/vnnd Mandel/nimb für ein pfenning Milch/vnnd mache damit ab/machs nit zu dünn/das es dennoch län sey wie ein můß/thů ehrlich zucker drein/mache es gelb/saltz zů massen/mach ein teyg von einem rucken bessenmeel/brenn den ab mit heissem wasser/wöl jn wol/das er hart wirde vnd machs hoch/wie zu einer Pasteten kert/thů die obgeschribenen füll darein/thů es in ein öfelein/laß bachen/hast du nit ein ofen/so ists in einer Pasteten pfañ auch gůt/Schaw ebē das es nit verbrinn/So ist es gůt.

Ein bachens in der Fasten.

cxxiij. Nim vnd hack rogen/oder stoß in ein Mörser/nimb Leber von Fischen/nimb auch das Schmaltz von den Fischen/vnd klein Weinberlen/vnd hack das durch einander/

Das vierdt Buch

vnd mach ein blat darzů von einem teig/ schlag das gehäck
darauff/ bachs nur in einer pfannen/ trags warm für.

Ein gestossens von Vischen.

cxxüij. Der nem Visch vnd bråt/ Esch seind fast gůt darzů/
so sie gebraten seind/ so thů es in ein Mörser mit gråt vnnd
haut/ stoß sie mit båwt Semelschniten/ treib durch mit ei-
ner Erbesbrů/ vnd nimb der brů nit zůvil/ sonder mit einem
wein der nit saur ist/ mehr als der Erbesbrů/ zuckers/ gwurtz
gibs auff båwte Semel/ wie ein anders gestossen.

Hausen.

cxxv. Kocht man auff vilerley weiß/ seind sie gesaltzen/ so
soll man sie wåssern/ vň ein schwartz pfefferlein darüber ma-
chen/ oder ein gescherb von öpffeln/ gestüp vnnd mit Wein-
berlin/ vnd gilbe/ So sie aber noch grün sein/ so kocht mans
in einem gelben süplein/ zwifel klein gehackt.

cxxvj. Item gesaltzte Hausen/ wie ein Braten/ seind gesal-
tzen/ so nim ein stuck/ wessers fein genůg/ thů es in ein hafen/
dempffs ab ein wenig/ geuß in wein vnd wasser/ röst jhn in
eim schmaltz/ vň in eim zwifel ab/ ob du wilt/ thů Muscat-
blů darzů/ vnd brenns ab/ das ein feins süpplin gewň/ richt
es an wie ein dempfften Braten.

Pasteten von Vischen.

cxxvij. So nimb ein grossen Visch vň nicht zu groß/ thů jn
auff/ nimb die Gall herauß/ das eingeweyd laß darinn/ vň
schůpff den visch gar schön/ wie man den Bachfisch thůt/
an den seyten soll man den visch aufftůhn/ Ist es ein Karpf-
fen oder ein schůpen visch/ so schůp jhn/ saltz fein ein/ laß ein
weil darinn ligen/ darnach besprēg jn wol mit essig/ vň stip
jhn innen vnnd aussen mit gůtem Gewürtz/ etlich nägelein
stip/ Muscatblů/ laß aber ein gůte weyl darinn ligen vnnd
baissen/ darnach so nimb ein schön außzogens rucken meel/
vnd

vnd knit ein teig ab mit einem heissen wasser/thũ zu ein gůte weil/das er zech wirdt/saltz ein wenig/nim dann des teygs/ vnd welg jhn weyt blat auß einander/eines halben fingers dick/leg den Pasteten fisch gleich gantz auff das blat/stürtz das ander halb theil vber den visch/vñ wie der Visch ist/also schneid den teig vmb vnnd vmbher/aber laß du nun so vil teyg fürgehen/das du vmb vnnd vmb krenglen machst mit der hand/darnach nimb eins oder zwey Ayrdotter/begeuß ein wenig/gilbs wasser daran/vnd nimb ein Pensel/vnd bestreich den teig vmb vnd vmb/scheuß in ein Bachofen/laß wol ein stund oder anderhalben/darnach der Visch ist/bachen/nimb jhn dann herauß/sollche Pasteten keren kalt zů geben/bleibt ein acht tag gůt.

Stockfisch zůkochen.

cxxviij. Stockfisch můß man blewen vnnd stuck machen/ vnd die stuck binden mit einem faden/das nit von einander fele/vnd wässern/darnach so er ein nacht vnd tag gewässert hat/so mag man jn kochen.

In raum mach jn also.

cxxix. Seüd ein stuck Stockfisch/so lang als man ein essen visch seüd/vnd nimb jn/vnd leg in ein kalt wasser/vnd klaub die grät vnd das vnsauber daruon/thů jn in ein hafen/vnd schneid zwiffel/röst jn im schmaltz/vnd geüß ein milchraum daran/der süß sey/vnd seüd jn mit dem zwiffel/vnd geüß an Stockfisch/laß sieden als lang als ein essen visch/gilbs vnnd stips/thů ehrlich Weinberlin darein/vnnd richts auff bäet schnitten an.

Geröst Stockfisch.

cxxx. Rocht man also/seüd ein stuck/zerbrocks schön/vnnd klaube/nimb jn/schneid jn/vñ röst jn im schmaltz/vnd stoß ein kreüterber/thů es vnder den Stockfisch/vnnd thů den

G ij   Stock-

Das vierdt Buch.

Stockfisch auch zum zwiffel ins Schmaltz/vnd röst es alles mit einander/vnnd Pfeffers/richts an/gibs zum kraut oder sonst wie du wilt.

Auff ein andere form.

cxxxj. Nimb ein stuck gewässert Stockfisch/ vnd nimb ein wasser/vñ ein schmaltz/versieds durch einander/nimb den Stockfisch/vñ thů in von einander/richt in gleich zu/als du in braten wilt/ Saltz vnd stip in/ thů Weinberlein darein/ bind in wider zu/vnnd leg ihn in das siedent wasser/ vnnd schmaltz/schneid ehrlich zwiffel darzu/ laß also absteben/ so ist er gůt/gewint ein feine dicks süpplin/gibs zum kraut.

Braten Stockfisch.

cxxxij. Seind die schwäntz am besten/nimb ein gewässerts schwantzstuck/vñ laß nur ein wahl thůn/nit mehr/ nim jhn schier herauß/ehe es vberwalt/vnd klaub auch die gred darvon/vnd hack zwiffel gar klein / röst jhn käbl ins Schmaltz/ vnd thů ins Schwantzstuck stüp/ Weinber/ Edich fülle ns mit gestossen nußkern/oder mit gestossen Mandel/ vñ bind den schwantz fein wider zu/leg spänlein auff ein rost/ leg den darauff/brat in kůl/saltz in am ersten/ ehe du den anbindst/ nim jhn dann zwischen zweyen kochlöffel/ begeuß mit heyssem Schmaltz/laß in nit zu lang ligen auff dem rost/ richt in auff einer blatten an/ geuß ein löffel vol heiß Schmaltz daran/ so ist er gůt.

Von Krepsen zu kochen.

cxxxiij. Kreps thů in ein hafen oder in einer pfañ werdens ehe sieden/vnd geuß wein oder wasser daran/Saltz vñ stips mit pfeffer/stips nit zuvil/ geuß daran/ wart das nit vbersehe/so sie schon rot sein/haben sie gnůg/ sie brennen im hafen gar leichtlich an/ so můß man baß ache darauff haben/ vnd werden baß geschmächer im hafen.

Krepsen

Das vierdt Buch.

Krepsen eyerlen zumachen.

cxxxiiij. Nimb kleine Krepslein/thů hinden die schal vnd
hůlssen/darinn bleibt die gall/vornen am schwengel brichs
mittel äderlin/nimb der Krepsen wie vil du wilt/stoß als
roch in eim Mörser/gantz zu ein loch/geüß ein gůte ebne
milch daran/schlags durch/thůs in ein pfañ/růre stets mit
einem löffel das nit anbriñ/so gewindts töpflen wie ein Vo-
gelspeiß/laß fein langsam sieden/geüß ein tröpflen essig dar-
an/so gerindt es/so heb dann die tröpflen fein auff ein rey-
terlin/oder auff ein Pfefferpfann/schwers ein wenig/so
wirdt ein schötlen/das schneyd zu stucken/mach ein gelbes
süpplein an den Mandel gescherb/oder ein pfefferlin darü-
ber/ist ein gar gůt lind essen.

Gefült Krepsen.

cxxxv. Gefült Krepsen mach also/seüd die Krepsen/so sie
gesotten seind/so schel sie/nimb die hůlsen vnnd. sther/backs
gar klein/nimb auch ein gůt lind gewürtz/ein wenig Saltz/
schlag ein roch ey darein/fülls wider in die hůlsen/oder scha-
len/thů ein anders daran/das ein theil hin sagt y. der ander
her/steck's auch an ein hültzin spiß/brats auff eim rost/etlich
bachens im Schmaltz/nit lang braten oberbachen.

Gestossens von Krepsen.

cxxxvj. Seud auch die Krepsen wie sonst/schöl die gall dar-
von/die scher vnd hůlsen behalt zum theil/das ander on die
Schal/stoß wol in einem Mörser/schneyd ein bäte Semel/
stoß darunder/reibs durch mit einem gůten süssen wein/thů
ein Zucker daran/Zimetrörin/Muscat vnd muscatblů/seüds
ein weil wie ein gestossens/geüß vber die bät schnitten/in die
schnitten steck man die grossen geschelten scheren/vnnd die
schwentzle von krepsen leg auch darauff. Ein ander höflig-
keit/die schier die grossen/die schel schön/nimb dann ein bät
brot/

Das vierdt Buch.

brot/das muß am ersten fein zurichten/müst ein Semel nemen/vnd außholen/das stürtz auff ein schüssel/vnd steck die scher darein/geüß die Suppen darüber.

Ein suppen mit geschölten Vischen.

cxxvij. So tracht vmb ein gute lautere Erbesbrü/die thů in ein saubern hafen/vnd nimb petersilwurtzen darein/laß sieden biß die wurtzen weich werden/alßdann gewürtz mit gestoßenem pfeffer/vnd gantz Muscatblü/thů schmaltz darein/vnd nimb dann geschölt visch/vnd seüds in der Erbesbrü biß sie sein gnůg haben/gilb die brü ein wenig/wie die Kappon/richts auff bät brot an/ob man wil/so mag man ein wenig Krän mit Mandel stossen/vnd auff die Schüssel der visch thůn/wie auff ein digen fleisch.

Die Karpffen so mans Selchen wil.

cxxviij. So schůp jn/vnd saltz jn ein/laß jn im Saltz ligen/dann so wäsch jn auß/schneyd jn zů stücklein/vnd nimb ein grosse nadel/mit einem Spogen/faß die stuck an/allweg einer hand weit von einander/henck also auff/so trucknets im rauch ab/sie werden fast gůt.

Hüchen Selch auch dermassen.

cxxix. Zerstucks wie oben steht/aber nicht schüpen/Jorhen vnd Salmling seind auch gůt geselcht.

Das fünfft Bůch sagt/Wie man Flaisch
Wildprät/Hüner/Kapponen/vnd von
Schweinen kochen soll/Erstlich von
Fleisch Karpffen.

Kochen von fleisch/erstlich von Karpffen.

Karpffen

Das Fünfft Buch.

cxi.

Kröpffen zumachen / so nimm die flügel von Kapponen die wolgesotten seind / vnnd steck die mit Petersil vñ Pfeffenwurtzen / eines so vil als des andern / vnnd nimb ein gůten Käß / ein wenig geriben brot / sechs Ayr / ein wenig Weinberlin / nimb Zimeterinden / Ingber / Pfeffer / nägelin / als vil als dir liebt / vnd ein löffel vol Schmaltz / trisch es durch einander / mach ein subtils teiglin / seud es in der Kapponen supp / vnd vber die Knöpffel gůten Käß vnd Schmaltz.

Pasteten von Kapponen.

cxi. Wann die Pasteten vom teyg gemacht ist / das muß von weitzenmeel / vnd mit feisten suppen / oder wasser / vnnd schmaltz / durch einander versotten gemacht werden / so nimm ein Kappon / vnd zerbrich jm die glider / vnd besteck jhn mit sechs oder siben härter Ayr / nimb nun die härten dotter / vnd in ein jeden dotter ein Nägelein gesteckt. Vnd waß der Kappaun in die Pasteten gelegt ist / den kragen vnd magen auff die seytten / vnd die dotter von Ayen auch damit gesaltzen / nim zwetzgen oder Weinberlein / hast du sie aber nit / so nim Lemon zů scheibelein geschnitten / vñ ein speck zů dünnen schnitten / sechs oder acht Ayr / vñ ein gůt frisch schmaltz nim souil darnach der Kappaun feißt ist / Darnach so mach von teig ein bläctel / damit deck die Pasteten zů / vnd laß jhn bachen zwo stund / Ist er älter als ein Jar / so můß er drey stund bachen / Wann er in den Ofen kompt / so bestreich es mit Ayren die geschlagen seind / darnach so scharr eben auff / wann er auffget / so deck's oben mit eim papir zů / das nicht auff d'härd kom / thů den ofen zů / waß er zwo stund bache /
so gebiß

Das fünfft Buch.

so geuß ein Wein darein/als auff ein halbe mässel/daß so laß gar außbachen/gibs warm auff den Tisch. Es ist fast güt/so du den Pasteten wilt anrichten/so nimb ein Ayrdotter oder zwen/schlags ein/vnnd geüß ein essig darunder/laß erwarmen/vnd geüß ins süpplen das an der Pasteten ist/so wirts fein seurlet/durch maister Hans Schatzmaister Koch.

Heiß Wildprät Pasteten.

cxlj. Von Hirschen oder Roch/wañ die Pasteten gemacht ist von rucken meel/so nimb das Wildbrät/vnd verbienns/ schneyd zwen schnit darein/wäsch auß drey oder vier wasser/ vnnd nimb ein news Ochsenfleisch/das hack gar klein/ein wenig specks darunder/vñ ein hand vol Maioran/gesalgen vnd gewürzt/Ingber/Pfeffer vnd ander gewürtz durch ein ander/netz ein wenig mit Essig/schaw das kein bain in der Pasteten frit/magst auch wol Lemoni darzu nemen/vnnd laß drey stund bachen/gibs warm.

Ein hinder Schultern.

cxlij. Schultern von einem Rastraun/die mach wie das Wildbrät/vnd nicht anderst.

Lungbraten mach auch also/vnd nim den kern daruon/ darff jn aber nit auffschneiden.

Jung Häner Pasteten.

cxliij. Wann die Pasteten gemacht ist/so nimb die Häner/ schaw das sie schön außgemacht seyen/so brich jn die glider/ wie den Kapponen/leg auch darein drey oder vier/darnach die Pasteten groß ist/saltz am ersten vnd gwürtz mit Ingber ein güten theil/sonst mit keinem/Ist es im Sommer/so nim Weinberlein vnd speck/wie auff ein Kappaun/vnnd ein frischen butter oder schmaltz/so mäßlich darein/vñ mach auch ein deck darauff/wie vorstehet zum Kapponen/vnd bestreich jn auch mit Ayren/laß zwo stund bachen.

Von

Das fünfft Buch.

Von Tauben.
cxlüj. Jung Tauben mach auch aller ding also/ auch wild
Hüner/ doch das mans spick/ als wolt mans braten.

Von Raygern.
cxlv. Die Raiger mach auch also/ laß nur braten/ darnach
er alt ist.

Von Kramatvögeln.
cxlvj. Die Kramatvögel auch also/ laß nur ein stund bachen.

Die Antvögel.
cxlvij. Mach auch also/ du magst in dieselbigen wol zwiffel
nemen/ vnd seind all gut/ kalt im essen/ Wañ du sie kalt wilt
haben/ die vier Pasteten/ die hieuor geschriben seind/ so thu
oben an der Pasteten ein loch auff/ geuß die brü auß/ vnnd
blaß die feißt daruon/ geuß die lauter brü wider darein/ vnd
laß also kalt werden.

Kälbern Pasteten.
cxlviij. Wann die Pasteten gemacht ist von waitzen meel/
so nimb das leich brät von hindern piegl/ oder diessu/ thu die
haut dauon/ hacks gar klein/ vnd nimb halb souil feißte als
des fleisch ist/ vnder einander klein gehackt salz vnd gwürtz
ein wenig mit Saffran/ ein wenig mit essig besprengt/ ob du
wilt geuß ein wenig fleischbrü daran/ ein wenig Weinber/
magst auch Ayr dotter (die bessern seind) darein nemen/
Wanns also gefült seind/ laß ein halbe stund bachen.

Rastraun.
cxlix. Von Rastrauten fleisch machs auch also/ nimb zwifel darzu/ laß ein wenig lenger bachen.

Kalt Wildbret Pasteten.
cl. Nimb das Wildbrät/ wann es verseimbt ist/ nach der
leng geschickt/ das der speck ehelich hinein in das Wildbrät
kom/

Das fünffte Buch.

koſſt/Salz vñ gwürtz zweymal ſovil als mit pfeffer/alßdañ nim̃ Jngber/temperiers durch einander/vñ wol gewürtzt/ alſo trucken in teig gelegt/der teig muß auch von ein rucken meel ſein/darff nit auff dünet ſein/ſondern du muſt nemen ein rugken außzogen meel/mit einem heiſſen waſſer abgekuc-ter/ſtarck gearbeyt/ dann ſo nimb des teigs/treib jhn glat auß in die weyte/leg das vorgeſchriben Wildbrät darein/vñ ſtürtz das blat darüber/gleich wie man ein Karpffen thůt/ laß alſo zwo ſtund bachen. Es iſt auch gůt/wer gern will/ der nem feiſt fleiſch/vnd ſpicks alſo.

Kaſtraune Paſteten.

clj. Zu kleinen ſtucken gehackt/vnd verbrendt/ſchön außgewaſchen/geſaltze vnd gewürtz mit Jngber/ darzu Weinberlein/oder zwiffel klein gehackt/ein wenig friſchen Butter/ oder Schmaltz/darnach zugedeckt/laß auff zwo ſtund oder mehr bachen.

Jung Gänß Paſteten.

clij. Hack ſieklein zu ſtucken/vnnd auch gleich alſo eingemacht/vnd auff zwo ſtund bachen.

clij. Gänß eingemacht alſo gantz in ein rugken teyg/ auch alſo gemacht wie die Hirſchen Wildpret Paſteten/vnnd ſo angebachen.

Ein zung eingemacht in Paſteten.

cliij. Wann die zung geſotten iſt/ſo ſchel die haut darvon/ ſchneid ſie zu ſtucken/in die dick als ein halber finger/vnnd nimb ein newe feiſte/klein gehackt/vnnd eingemacht mit allerley gewürtz/vnd ſpreng die ſchnitzel der zungen/ in ein jedes ſtuck der zungen ſteck ein nägelein/ darzurch ein handvol feiſte darauff geſprengt/zudeckt/laß ein ſtund bachen/ dieweil ſie becht/dieweil mach ein ſchwartzen pfeffer daran/ mach den pfeffer auffs beſt mit gewürtz vnd wein. Nimb der

Paſte-

Pasteten auß dem ofen/schneid sie auff/nimb das faißt darauß/vnd geuß an den pfeffer/ laß durcheinander sieden inn einer pfann/eins oder vier mal gebunden/ dann geuß wider inn die Pasteten/thů die deck wider daruber/ thůs in Ofen auff ein halbe stund/ so ist es bereyt. Ein Kůheyter mach auch also.

Hirschen lebern.

clv. Nimb die vnd brats/schneid das aüsser herab/stoß in eim mörser mit ruckenbrot/mit hönig/wein vnd essig/reibe durch ein tůch/gwürtz/vñ erwöll die leber/gibs kalt zuessen.

Schweinkopff.

clvj. Wilt du machen ein Schweinkopff/ das die flammē darauß faren/ so seůd jhn gar an die statt/ darnach so leg jhn auff ein rost/biß er braun wirdt/ dann schneyd jhn würfflet/ das er dannoch gantz bleib/besee jn außen mit Jngber vber all/ nimb ein flache Schüssel vol Brantwein/ vnnd Jngber darein/schüt jn halben in hals/ vnd tröpffen das ander außen darumb/ vnd nimb ein dünn brot/ als ein nuß groß/ mache ein kleins kügeln darauß / darein thů ein glüenden kießling/ der einer bonen groß ist. Vnd wañ du es auff den Tisch wilt geben/ so stoß jhme in den hals/ vnd einen roten Apffel darfůr/laß also fůrtragen. So man es angreiffen vnnd essen wil/ so zündt er sich an von dem Brantwein vnnd Aißling/ vnd faren die flammen herauß/grůn vnd blaw/vñ schmeckt gůt lustig zu essen.

Welsch Hammen zumachen.

clvij. Laß die Hammen lösen auff der haut/ das nicht weyter kein brat daran sey/schneide/ saltz ein/laß drey wochen im saltz ligen/alßdann backs auff/laß drey oder vier wochen im rauch hangen/alßdann werdens gleich dem Welschen/ die seůdt man gantz/Ißt acht tag kalt darvon.

Schwei-

Das fünfft Buch.
Schweinen fleisch frisch vnd new zu behalten.

clviij. So man Säw schlecht/soll man den pachen/so er nun beschnitten ist/in ein küle ort auch den tisch/auff schnee legen/vnd see schnee darauff/ein spann hoch/laß jhn also ligen/biß er hart vnd kirnig wirt/etwan vber nacht/darnach du darvon geschnitten hast/vnnd des dicksten zu schonen/vierecket schnitteln anderhalben spann lang geschnitten/vnd in ein lärchen kübel/als offt ein leg gleich zamen geleget/vnd wol gesaltzen/demnach geschwert mit einem schönen bletlein mit stein ligen lassen/biß in die erst wochen/darnach ein Brunn wasser in einer Molten saltz darein/vnnd mit einem schönen newen Besem durch einander geschlagen/biß gantz zäch wirdt/die suppen daran gossen/das zwen finger darüber gehe/darnach allweg wider abgeschwert/als offt man mit einem messer ein zenterling herauß nimpt/dz vberlid soll ein handhab haben/wirt sonst milbig.

Säwköpff vnd Hammen.

clix. Schön eingesaltzen/vnnd ligen lassen im Mertzen/darnach gar schön außgewaschen bey einem saubern Bach/schön außgeschaben vñ gewaschen/das Saltz allenthalben darvon köm/darnach schön auffgehenckt mit schnierlen/vñ Bramather darüber gemächt vnnd beseet/reüchs nit zu fast/so werdens rößlet vnd wol geschmack.

Wie man die Käch schlägel bereyten soll.

clx. Nim die schlegel/vberbrenn jhn in eim kessel/darnach zeüch jm die haut ab/thü das schedlich darvon/saltz ein/vñ spick's ehtlich hinein/im kolben/stüppen darnach es mit güetem gewürtz/geüß ein essig darauff/laß ein güt weil darinn ligen/

Das fünfft Buch.

ligen/Nimb auch ein rucken teyg/gleich wie du zu den Vi-
schen/treib ein weit blat auß einander/beüg jm die füß krum̃
doch das er auch in teig komb/nimb ein andern taig/deck
glat darüber/vnd nimbs dann vmb vnd vmb ab/krentzels/
vnnd bestreichs mit einem Bemsel/mit gelben dottern oder
Saffran/scheüß in ein Bachofen/als lang als ein prat schier
vnd gibs kalt.

Grüne Wildbrät Pasteten.

clrj. Machs also/nim̃ bråtigs wildbråt/spicks gar schön/
gleich ob mans braten wöl/saltz jn ein/treib dann ein Paste-
ten auff von waitzen meel gemacht/gleich wie zu küttẽ oder
ander pasteten/gewürtz wol/sonderlich mit nägelẽ/zim̃et-
röin/leg Muscatblů darzu/magst Lemoni oder Zyweben
darzu brauchen/mach ein fein blat darüber/vnd scheüß also
in Bachofen/oder in ein Pastetenpfann/muß langsam ba-
chen/so gewints ein feins süpplin/müste warm geben.

Von Würsten. Gůt Würst von Läm-
mern Lungen flaisch.

clrij. Die wåsch oder backs gar klein/so es schier gar ge-
hackt ist/so nimb das netz vom Lamb für feißte/hacks auch
darunder/schlag ayr daran/vnnd ein wenig räumlin/thů
ein wenig schweiß darunder/gewürtz/thů Weinberlen da-
rein/nimb dan̄ die dårm vom Lam̃/oder das måglin/oder
Kälbern dårm/büß Rindern dårm/fülls darein/nur nicht
vol/vnd seüds/Ober solches würflet mach ein gescherb an
das süpplin/oder pfefferlin was man will/man mags einer
Kindbetterin geben.

Würst von Kälbern fleisch.

clriij. So nimb ein bråtigs von einem Diechbraten/Kalb-
fleisch/solts braten vnd nit sieden am ersten die Würst/das
hack gar klein/wie zu Knödeln schon/ein feißte von einem

h iij   kalb

Das fünfft Buch.

kalb hack darzu/vnd hack Muscatblů auch darunder/pfeffert Zinlin/Saltz/nimb dañ das Kalbnetz/so gehets auß einander/nimb dann das gehackt brât/vnd legs fein lang auff das netz/aber schneyds ab/das fein sinnwell werd wie ein wurst/windts vmb vnd vmb mit einem faden/vñ beügs wie ein wurst. Ist es ein groß netz/so magstu drey würst darein machen/nimbs dann in ein pfannen/můst Ayr vnd Milchraum in das gehackt fleisch nemen/vñ in das netz thůn/wie oben steht/vberbrens nit zu lang/darnach brats ein weyl/wann das netz sich selbst beugt. So es nun bachen ist/so leg den faden ab/gibs auff Rüben/schneids zu scheyblin/legs vmb vnd vmb auff ein schüssel/aussen vmbher.

Von Kälbern vnd Rindern Würst/auch von Lungen vnd Lebern.

cl.xiij. Nimb ein Leber von eim Rind/auch der Lungen/hack jedes insonderheit gar klein/hacks dann beyde zusammen/thůs in ein Můlter/saltz/thů ein pfeffer stip darein/vnd ein gůts geringe feißt/das schneyd darein/nit zu klein/es verstůbt sich sonst gar/geüß dann wol ein süssen Milchraum darein/růrs durch einander/Nimb dann die weyten därm von einem Ochssen/machs darein/nur woller/binds an beyden orten mit einem faden/vnd vberbrenns. Solliche Würst seind fast gůt auff kraut oder Rüben/seind fein lind. Auß einer Kälbern lebern magst auch wol Würst machen/mit raum oder ohn raum.

Ein Lungel von Rindfleisch zumachen.

cl.xv. So nimb das stůmpffel/das hinden an dem mollen braten ist/oder sonst gar ein marbs vom Diech/hacks gar klein/so es schier gehackt ist/so hack ein feyßte darein/schlag Ayr daran/mach jhn aber in der dick wie ein Pfanterteyg/du magst wol auch ein räumlin darunter nemen/werdt nur

desto

Das fünfft Buch. 28

besto linder/Solches gehäck laß auch in darm faffen/binde
an orten/setid darnach schneide/gib ein pfefferlin darüber/
wilt du es aber im darm / so schlage ein wie ein knödlein inn
ein siedent waffer/müst groß einschlagen / so du es anrichst/
so schneyd sie von einander / ist ein güts essen / so man nicht
Wildbret hat/gib ein schwartz oder gelbs pfefferlin darüb-
er/du magst jn von eim Hirschen Wildpret gleich wie oben
stehet/auch machen.

Kälbern fleisch einzumachen.

clxvj. So nimb auch das dick brätle von eim kalb/oder von
eim jungen schaff/vnnd schneid dünne bletle mit einem meß-
ser herab/eins fingers lang/zwey brät / vnnd zerschlage mit
dem messer ruck/nimb dañ ein zimlichs schmaltz in die pfan-
nen/laß heiß werden/schüt das beckt fleisch darein/laß lang
im schmaltz rösten. So es ein güte weil geröst hat/so geüß
ein trunck essig darein/vnd ein fleisch süpplin / ist die fleisch
suppen gesaltzen/so thü ein wenig in die pfannen/ Saltz/es
wirdt sonst gar leicht versaltzen ehe du daran geust/so nimb
wol ein Nägelstüp/so wirdts schwartz /laß also lang sieden
biß lind wirdt/es gewindt ein feins dicks süpplin / gibs also
auff einer blatten für/ist güt.

Presoln zumachen.

clxvij. So laß dir von einem Ochssen ein stuck herab schla-
gen/vom hindern püg/das man glat schneid einer spannen
lang/messer rucken dick/vnd wann mans essen will / so baiß
denselbigen tag vor ein /in ein wein / saltz /thü ein Coriander
vnd Enes fein darauff/so man essen will/ so leg jhn auff ein
rost/laß vber braten/das braun wirdt/dann so thü es in ein
pfann/geuß die heiß brü daran/auch souil fleischbrü / laß so
lang sieden/das nur ein wenig ein süpplin darau sey / stippe
auch /gibs also auff einer blatten/ ab eim schweinen fleisch/
schneid

Das fünfft Büch.

schneid auch etliche magere schnitlein/salz ein/lege auff ein rost/stips/mit eim Schmalz/gibs also dar zu einem Kraut oder sonst.

Einbaißt zungen zumachen.

clviij. So nimb ein Zung/schneid den troß an das fleisch/ daruon/vnd schlags wider ein banck/oder stain/das waich wirdt/darnach nimb rot Rüben/die wesch schön vñ laß sieben/das weich werden/wie zu einem Salat/schneyds dünn scheübletcht wie einen Salat/vnd nimb ein Hafen/vnnd leg ein leg Rüben darein/vnd ein wenig Enis vnnd Coriander zerstossen/Salz die zungen wol/lege darauff/dañ meh: rüben vnd Enes/vnd wann du die Zungen all hinein hast gelegt/so geüß die brü/da die roten Rüben in gesotten hast daruon/kül/leg ein bretlein darauff/vnd schwers niber/laß also stehn vier oder sechs Wochen/dann so schels gar langsam/man muß wol drey wochen schelen/dann wenn man sie gehling schelt/so werdens schmeckent/im Sommer/vnnd an der kül laß stehn/dieweils in der baiß ligen/dañ so hacks auff/so du dann eins kochen wilt/so seüds/gibe inn ein gescherbel oder pfefferlin.

Ein Holbraten.

clxix. Hack kalb fleisch also/hack das blät gar klein/thu es in ein Mörser/vñ schlag Ayrdoter darein/ein wenig schön mitel gewürtz in dem Mörser ab mit salz/stoß vnder einander/behalt es/des weiß/vnnd klopffs auff halb/vnnd mach ein breyten spiß/den bick raum/nim dz fleisch auß dem mörser/bestreich den spieß mit dem ayr klar/netz die händ darein/schlag das fleisch wol vmb vnnd vmb/vmb den spieß/ gar wol/lang in einer dick/oben trucks wol mit nasser hand/ als lang der braten ist/leg jn zum fewr/des erste klein kolen/ vñ sitlich/wend jn zum fewr/darnach je lenger rösch kolen/
begeüß

Das fünfft Buch. 29

begeuß jhn mit altem Speck/zerlaſſen/oder milch ſchmaltz/ du magſt auch in das gebackt brät Speck oder ſchmaltz nemen/ſo ſei ich jn hinwider brats ſchön ohn vnderlaß/ſchneid lange ſchnitlein/ſchneid Jngberſtüp darein ſtich darein mit einem hölßlin/ nimb fleiſchbrü/die gilb ſchön/thů darein ſchmaltz/vnnd biß das in einer pfannen/begeuß den braten damit/ſo bleibt er lind.

Schäffin Schultern in ein gůten ſüplin.

clxx. So nimb die ſchultern von einem Schäffen viertel/vñ ſeůds gantz wie ſonſt ein fleiſch/ſo es geſotten iſt/ſo lege auß das kalt werd/nimb das peterſilkraut/ſchneids klein/ſtoß in ein Möſer/geůß ein eſſig daran/laß ſtehn ein halb ſtund oder ein ſtund/dann truck denſelben Peterſil auß durch ein ſchöns tüchlein/vñ thu jn in das trucken ſüpplein/Jngberſtůp/Pfefferſtůp/geuß dann auff die obgeſchribnen Schultern/gibs kalt für ein eſſen.

Ein angelegt Hůn zumachen.

clxxj. So nimb ein Henn oder Kappon/ſey alt oder jung/zerleg jhn/löß dz brät von den bainlē/rochs/hacks gar klein/ſchlag ein rochs Ay daran/rürs mit einem löffel ab/haſt Weinberlein thůs darein/ſtips mit gůtem linden gwürtz/gilbs vnd beſchlags/ein jedes glidlin der Henn/mit dem gebackten/vnnd legs alſo in ein Henn oder fleiſchſuppen/laß ſieden biß ſein genůg iſt. Solches eſſen iſt den Kindbetterin oder Aderlaſſern gar gůt. Item man mag zu zeyten wol ein Kalbfleiſch vnderhacken/es wirdt lind daruon/vnnd ein feiſte můſt auch darunder hacken/man nimpt gar ein wenig raume auch zu zeyten darunder/wans nicht die Kindbetterin eſſen.

Item/man mag wol knödlen auch alſo machen/von Hennen oder Kaponen fleiſch/aber nur rohe gehackt/das brät wans geſotten iſt/ſo wirdts ſpier.

J   Junge

Das fünfft Buch.
Junge Hüner ein zůdempffen.

clxxij. So bereyt die Hüner schön vnd sauber/thů es in ein hafen/geuß wein vnnd fleischsuppen daran/saltz zumassen/gilbs/stips nit zu vil/die suppē mach daran/wiltu das süpplin dick haben/so nimb zwo bäwete Semelschnitten/lege zů den siedenden Hünern/stoß das weich werden/so klaub die gesotten schnitten vnnd die Leberlin/stoß vnnd treybs durch/gewürtz ab/geuß wider in die Hüner/laß an die stat sieden/Lemoni seind gar gůt/zu scheiben geschniten/vñ bey den Hünlin gesotten/so mans anricht/fein auff die Hünlein gelegt/wilt du es aber abseyhen/so geuß ein wenig wein vnd stipp darein/vnd ein schmeltzle/vnd gewürtz/thů Muscatblů darzu/stoß also stehend auff ein glütle/schaw eben darzu das nit zu weich werden/gibs dar/wilt du es süß haben/so thů ein zucker oder Triget darzu.

Grüns süpplein macht man auch zu zeyten an die Hüner.

clxxiij. Nimb Berthram/Maioran/Petersill/hacks klein/geuß ein gůten wein daren/zwers durch einander/zuckers/stüppel geuß vnder die suppen/darinnen die Hüner gesotten sein/můß nicht weyter sieden im grünen süpplin/es verleürt sonst die grüne.

Gefüllte Hüner.

clxxiiij. So vndergreiff die Hüner/löß die haut/zerreiß nit/nimb dann Leber vnnd Mäglen/hacks gar klein/schlag ein Ay daran/gibs wilt du gern/mach ein grüns kreütlein oder Weinberlin in die füll/nimb stipp/vnnd geuß dann in das Hůn/vnd binds zů/vnnd dempffs also/aber zu dem Braten můst die füll in eim pfännlein einrieren/schlags wider in ein Ay/thůs in das Hünlein/brats also ab.

Item

Das fünffte Buch.

Item/wilt du Hirschen Lungen braten machen/nim die Nyeren/vnnd schlags drätlet/wasch sauber/nimb dann den schweiß/reib Lezelten darein/treibs durch ein tůch/thů es in einen hafen/wein vnd essig darein/will der schweiß nicht gern durch/geuß wein oder fleischbrů daran/reib ein Lezelten vnderm schweiß durch/laß stehen/schneyd den Nyeren/ vnd löß das fleisch/würflet thů es darein/vnnd laß sieden/ machs mit gewürtz/vnd saltz ab.

Kachmůß macht man also.

clxxiij. Nimb die bein auß den schultern/brats/dann so es mürb ist/wasch auß einem warmen wein/thů jhn in den schweiß vñ geriben Lezelten/streichs durch ein tůch/schneid das fleisch würflet/thů es dann in ein durchgang in ein hafen/wann es schier gesotten ist/so machs also/nit gewürtz/ oder reib Lezelten darein.

Küchlein von Wildbrät/oder von anderm fleisch.

clxxv. Hüner oder Vögel die seud/verschelims/nimb nur das brät/hacks klein/gewürtz/schlag Ayr darein/das es sich köchlen laßt/bachs braun/gibs in ein Pfeffer oder ge- scherb/oder süpplin.

Knödlein von Hennenfleisch/oder von Vogelbrät.

clxxvj. So nim das gesotten brät/es sey von Hennen oder Kaponen/nur das weiß brät soll man nemen/von Vögeln nim auch nur dz brät/thů die bein besonder in ein Schüssel/ hack das brät klein/schlag Ayr darunder/reib ein wenig Se- melbrot darunder/gwürtz vnd saltz/nimb dann die brů/es sey von Hennen oder von Vögeln/schlag das gehackt brät knödlen weiß ein/gilbs

J ij Ein

Das fünfft Buch.
Ein gůts Essen von Kapponen.

clrrvij. Nimb ein Kappon/verbrů jn/vnd saltz jhn/steck jn an ein spieß/brat jn/nimb dann ein halb pfund Mandel=kern/stoß sie auch/mach ein dick milch darauß/nimb den Kapponen/laß das brat gar klein/nicht zu lang/nimb ein reißmeel/thů es vnder das brat/mache ab mit gewürtz vnd zucker/laß in der Mandelmilch sieden biß trucken wirt/vnd wider schmaltz/so ist es bereyt.

Man nimpt sonst ein weiß brat von Kaponen die gebra=ten seind/schneids gewürflet/nur das weiß nimb/stoß dann in eim mörser/vnd stoß ein Reiß zu meel/nimb ein gůte dicke Mandelmilch/nimb das gestossen brat/thů es in die Man=delmilch/vn̄ machs dünn/nimb ein Reißmeel/kochs auch darein/zuckers/laß sieden als lang als dich zimpt es sey ge=nůg/so gibs für ein gemůß/Thů ein Trieget/oder ein gůte linds süpplin darauff.

Ein Hünerbrů zumachen von Mandel.

clrrviij. So nimb ein halb pfund Mandel/vnd drey klein Ayr dotter darunder/vnd Hennen leber/Semelbrot als vil als zwey Ayr/Milchraum vmb zwen pfenning/dann nimb von alten Hennen die brů die wol gesotten sey/streich die ge=stossen Mandel darmit durch ein thůch/oder nimb junge Hüner/nimb dann Zimmetrörn/Näglein/saltz zu massen/leg dann das Hünerfleisch/das vor gesotten ist/in die brů/vnd laß darinnen warm werden/das die brů nicht zu dünn sey/so andere farb noch gewürtz nicht haben/dann wie vor=geschriben steht/gibe dar.

Ein gestossene.

clrrix. Von Hünern oder Kapponen/laß sieden/biß wol
weich

Das fünfft Buch. 51

welch gesotten seind/thůs in ein Mörser/mit bain vnnd mit
als/stoß fast wol/ist des hünerzeügs zu wenig /so stoß brey
Semelschnitten auch darunder/ dann so treybs mit der brů
von den gesotten hünern durch ein seichpfannen/vnd geuß
ein wenig gůten wein daran/gilbs/stips/laß sieden ein gůte
weyl/gibs auff bants brot/magst ob du wilt verlorne Ayr
darauff machen/wañ zu zeyten hüner oder Kapponen von
dem Tisch vberbleiben/so nimb die bäinlin/ vnd das da vber
bleibt/mach ein gestossens also / man mag auch wol ein Le-
ber von einem Lamb sieden/ vnnd vnderstossen/ ist es den
Kindbettern vnd Aderlassern ein gůt essen.

Lungen Küchlen.

clxx. Nimb die Lungel / eine oder zwo von den Lämmern/
hacks gar klein/schneid ein netzlein vom Lamb / hacks auch
gar klein/schlag Ayr darein/vñ ein wenig raum ob du wilt /
ein wenig geriben Semel/Stips/Weinber seind auch gůt/
nimb dann ein Mörser/lain jn zum feür das er erhitzt /so er
heiß ist/so zerlaß ein schmaltz als groß als ein ay/thůs in den
Mörser/vnd geuß die gehackten Lungel darein/ setz auff ein
nidern dryfůß oder rost / das nit gleich auff der glůt stehe/
thů ein Hafendeck darauff mit glůt / so hebt es sich hoch im
Mörser/vñ so es nun bachen ist/ so stürtz den Mörser vmb/
vñ schüt jn/so felt der kůchen herauß/ den magst du trucken
geben/oder zu stucken machen/vñ in süpplin oder gescherb/
du magst von den Leberlen gleich also machen.

clxxj. Von einer Kalbslebern magst nemen alle füll/ob du
wilt/hacks auch also/ bachs im Mörsel/ Berchiam so man
hat/ist fast gůt darein/hacks/das ist also gůt/ trucken zu ei-
nem braten gelegt. Etlich hacken die leber vom Lam/ schlag
Ayr daran/Stips/Saltz/vnnd nimb ein Netzlen/ geuß die
Leber darein/vnd in einer pfannen im heissen schmaltz/ auff

J iij einer

Das fünfft Buch.
einer glůt/mit verhälten hafendeck bachen/gibt man auch
trucken/grün kreütlein darein gehackt.
 Item man nimpt die Wampeln vnd Mäglen von Läm=
mern/oder die därm von Schaffen/vnd so man die Lungel
von Lämmern kocht wie vor stehet/geüß in die därm/mach
würst/oder in die mäglen/seüds in einem wasser/So es nun
gesotten ist/so thů es auß dem Wampel/so bleibens fein wie
ein Lung/gibs in einem Mandel gescherb/oder süpplin/ist
gar ein gůts linds essen.

Ein Lungel zumachen/gibs für
ein Wildbrät.

clxxvij. Wildbrät/nimb ein brätigs Wildbrät von einem
Hirschen/das hack gar klein/auff das aller kleinest/vnnd
schlag Ayr daran/ein wenig siessen Milchraum/Saltz/thů
zimlich Jngberstüpp daran/mach ein füll/als ob du wilt
Knödlein machen/solches das thů in ein schön bärins säck=
lein/verbinds/legs in ein siedens wasser/laß sieden/als lang
als sonst ein fleisch/man sicht es bey einem beylichen wol
wann es sein genůg hat/so legs auß/vnd so es erkaltet/so le=
dig es auß dem Säcklein/schneids stücklen/gibs inn einem
gelben oder schwartzen siessen Pfeffer/man mag es auff
Hochzeyten oder sonst für Leüt fürtragen.

Ein eingemachte Lungel von Lungel.

clxxviij. Machs also/nimb Lungel/stubs an die statt/vnd
schneids klein wie ein kraut/röste im schmaltz trucken/vnnd
geuß ein siess räumlein daran/stips/gilbs/thů Weinbeer da=
rein/ein wenig muscatblů/gib also für ein kraut/oder sonst
für ein richt/man mag an des raums stat wol ein siess Wein=
lein nemen/ein zwiffel gar klein gehackt/schön gestüp/also
abdempfft/es mögen Kindbetterin oder Aberlasser essen.
Man

Das fünfft Buch. 32

Man schneid Lungen vnd Leber/vnd röste im schmaltz/
wie ein eingemacht fleisch/vnd machts gleich wie man das
eingemacht fleisch macht/seure/stips mit nägeln stip.

Hirschen lebern zu bereyten.

clxxxiij. Der nem die Leber/vnd wasch sie schön/Saltz ein/
laß ein weil darinnen ligen/mach ein eysnen spiß heiß/doch
das er nicht glüend werd/steckes an/vnd brats/setz ein pfann
darunder/das darein trieff/nimb dann dasselbige brülein/
das von der Lebern troffen ist/thů darunder ein güten lin=
den wein/allerley güt gewürtz/doch Nägeln stip am mai=
sten/das ist das beste stip darzu/laß es sieden/nimb dañ die
Braten/legs auff ein schüssel/vnd schneid in der mit ein loch
darein/so wirs nit spier/mache wider zu/oder schneids zu
stucken/geuß ein süplin daran.

Die Lungen von Hirschen zu braten.

clxxxiiij. Der nem sie/) dieweil sie noch frisch ist/seüds in jr
selbs brü/als sie aber schmeckt/so seüds aber in einer andern/
seüd Petersil/vnnd ander güt gwürtz darbey/mit Lezelten
vnd essig/oder wein abgemacht.

Junge Hüner eingedempfft.

clxxxv. Zumachen/dempff die Hüner/wie sonst/doch das
nur verfaim/dañ so nimb Weinber/die an Reben wachsen/
die brich ab/seüds bein Hänern/vñ stoß/treibs durch/geüß
wider an die Hüner/nimb ein Butterschmaltz darzů.

Gesotne Hüner.

clxxxvj. So saůber die Hüner gar schön/nimbs gantz oder
zerlegs/thůs in ein hafen/geüß nit vil suppen oder Wasser/
vnd ein sieß Weinlein daran/vnd ein lindes Schmaltz legs
darzu/vnnd Muscatblüe/Zimmetrödin stüp/Nägelstüpp/
geuß nit vil daran/sie versieden sich gar bald/ist gar nichts
werdt/

Das fünfft Buch.

werdt/ so sie gesotten seind/ so sie fein braun werden/ vnd ein zimlichs süpplin haben/ so gibs dar/ wilt du es süß haben/ nimb zucker oder Trieget darzu.

Plutzte Hüner.

clxxvij. Item Plutzte Hüner/ so nimb gebraten Hüner/ sie seyen Kapponen oder junge Hüner/ vnd mach schnitten im süssen wein gewaltzet/ die für gebawet sein/ zerleg die braten Hüner zu stucken weiß/ vnd thů etlich Triget an die Hüner/ geuß auch des süssen weins an die Hüner/ vnnd treffs dann/ legs dann auff die geweichten schnitten/ gibs also kalt.

Zungen einzumachen.

clxxviij. Bleüß vmb ein banck/ oder vmb einen stein das weich wirdt/ dann so nim rot Rüben/ die wäsch gar schön/ laß sieden das weich werden/ wie zu einem Salat/ schlage schön schneids zu dünnen scheiben/ nimb ein hafen/ leg ein Rüben hinein/ vnd ein wenig Enis/ vnd Coriander/ zerstoß sen/ vnnd saltz die Zungen wol/ legs hinein auff die Rüben/ dann mehr ein leg Rüben/ vnd Enis/ vnnd wann die zungen all hast hinein gelegt/ so geüß die brů/ darinn du die rote Ruben gesotten hast/ daruon/ also kůl/ vnnd leg ein bretle darauff/ schwers nider/ laß also stehen vier oder fünff wochen/ darnach selch gar langsam/ darffst auch wol vier wochen darzu/ wann man sie gehling trucknet/ so werden sie schmeckent/ man sols in der baiß an der kühle lassen stehen/ so sie gesälcht seind/ so soll mans auff heben/ so sein sie gůt/ wan man eine kochen will/ so gibs trucken oder eingemacht/ wie du wilt.

Ein Kapponen suppen mit Käß.

clxxix. Seud den Kappon in sein selbst suppen/ geüß die suppen auff ein båte Semelschnitten/ nimb ein gůten Windischen Käß oder sonst ein gůten käß/ den reib klein/ schneid

ihn

Das fünfft Büch.

jhn auff die suppen/vnd ein lind gwürtz darauff/vnd deck
die mit einer andern schüssel zu/vnnd trag die Kapponen
also für.
cxc. Wilt du grieß an ein spiß braten/nim Hirschen grieß/
vnd acht ayr darzu/das es dick wirt/schneid jhn/ vnd steck
jn an ein spiß/brat jn/vnd beschlag jn mit Ayrn/ gib jhn zu
essen mit Salsen.

Gebraten Erbes.

cxcj. Schlag Erbes durch ein sib/vnd Ayren abgemacht/
bachs mit einem wenig schmaltz oder Butter/schneyd sie zu
stucken/brats an einem spiß/beschlag mit Ayren/vn gibs zu
essen/so sie durchgeschlagen seind/schneids stücklen weiß/
zeuchs durch ein gelben teyg vnd bachs.

Ein höflich Essen haist der raiff.

cxcij. Gibs für ein richt oder ein bachens/Nimb ein halb
mäßlin güt Semelmel/nimbs halb herdan in ein Schüssel/
die Kupfferin oder zynen sey/nimb meel/das erwarmen in
einer stuben/Nimb ein mäßlein süssen räum/laß jhn warm
werden/das du kein finger darinnen haben magst/nimb ein
löffel vol garben vnder den süssen raum/vnd nimb zwey Ayr
schlags auch vnder den raum/rürs also ab/setz auff der zyn
Schüssel zu der würme/so gehet er auff/er muß auffgehen/
bey einer viertel stund/das er sein zäch wirdt/ vnd sich glat
blattert am rüren/nimb dann bey ein halb viertel Weinber/
schön erklaubet/die gar trucken seyen/die rür in teyg/ nimb
auch ein halb lot muscatbluͤt/zerbrochs klein vn rürs auch in
teyg/so er bald abgebört ist/vnd gewallen/so setz jhn wider
zu der würme/in der schüssel/das er auffgehe wie zuuor/bey
einer viertel stund/so nimb den spiß/der muß darzu gemacht
sein/salb jhn ein wenig mit schmaltz/doch das er nicht naß
sey/nimb dann den teyg/leg jhn fein an den spiß/vmb vnnd
K   vmb

Das fünfft Buch.

vmb/in gleicher dick aber/das er fein glat werd/vnd hasem/
dann so nimb drey Ayrdotter/ die saltz ein wenig / bestreich
den teyg am spiß fleissig vmb vñ vmb/das er fein gelb werd/
so er nun bestrichen ist/ so nim ein groben faden/ein zwiern/
den bind vmb den taig/in massen wie ein reyff / schaw eben
das der faden so len sey/auff den teyg lig/vnnd gar nit ein
beiß/der teyg gieng sonst nicht vom spiß/wann er oberwun=
den ist mit dem faden/so laß jhn zu einem brinnenden fewer/
nun gar fluchs vmb vnd vmb braten/biß er erwarmet/dañ
nimb ein schmaltz/das laß zergehn in eim pfändlein/das du
wol ein finger darein magst haben / Nimb dann ein kleines
tüchlein/einer fodern spann lang/vnnd zweyer finger breyt/
die bind in ein knipffel / thüe in das schmaltz / salb den Bra=
ten wie ein Spänsaw / dann so brat es mehr fluchs vmb / so
wirdt er fajmen/ so salb jn mehr wie vor/ vnd brat eins Bra=
ten/biß er sich fein breünt/so saltz jhn zum dritten mal/vnnd
brat jn offt/so lang biß er fein liecht braun wirdt/so nimb jhn
vom fewr/vñ wend den spiß vmb / dieweil zeuch den faden/
vnnd eyl darmit/auff ein schön weiß tüch / nimb ein messer/
ledig den rauß von beyden seyten ab vom ort/ dann so nimb
ein Tüch in beyd hend/zeüch jhn sein gemächlich herab/ so
geht er fein herab vom spiß/deck jhn fein zu/scheüb ein tüch-
lin in beyde örter/das die wärme nit herauß gehe/ so zeücht
es sich hüpsch an/vnd wirdt fein trucken inwendig/vnnd ist
also bereyt/den teyg muß man saltzen/ wann man am ersten
anmachet/auch so du den teyg hast angemacht / so breyt ein
tüch auff den tisch/vñ welger den spiß hin vnd her/so kompt
der teyg gleich an den spiß.

Gefüllt Oblat/oder auffgestrichen.

cxlix. Nim Oblat/schneid die vierecket / einer hand lang/
Nimb dañ ein Spicedulum/ein wenig Nägelen/ nimb wol
Zim=

Das fünfft Buch.

Zimmet/vnd Muscatblů/stoß Enis grob/nicht geseet/thůs vnder das Spicedulum/ nimb ein schmeckent Rosenwasser/ geuß auff spenci/gestossen gwürtz/mach ein Teyglein in der dick/das du es mit einem messer magst auff das Oblat streichen/Auff das ort muß mans streichen/das nit gemodelt ist/ vnd leg auff ein Rost ein Papir/vnnd lege darüber / streich Oblat darauff/schür ein zimlichs Glütlein darundter / so brats sich fein/wirdt rösch. Sollich Oblat ist ein wolstand/ magsts wol für ein bachens geben / oder legs zu einem andern Bachens.

Gefülte Oblat.

Mit Feygen vnd Weinber/mach also/nimb Feygen/vnd klaubs sauber/dergleichen Weinber / hacks wol klein / stips wol vnder einander / hast du gar ein gůten süssen Wein/ein gesotner Most wer besser/so seud das gehäck darein / stips mit gůtem linden gestüp/vnnd streichs auff ein Oblat / auff das ort/das haussen ist/ vnnd thů ein ander Oblat darüber/ vnd schneids vberecket/vnd mach ein teigle an mit meel vnd wein/gilbs gar wol/vnd trucks in teyg nur an orten / vnnd bachs in eim heissen schmaltz gar behend/kers vmb mit breyten spänen wie die Affenmund/ist ein höflich essen / Etlich nemen ein honig / siedent das gehackt darinnen/essens aber nit alle Leüt gern/vnnd ist nicht gesundt.

K ij   Das

Das sechst Buch.

Das sechst Buch / sagt von Mörser Kůchen / vnd etlich bachens / vnd wie man Holhippen bachen soll.

Von Holhippen am ersten.
cxciiij.

Mit Zucker bach es also / weich ein zucker ein / in ein lawes Wasser / das er zergeht / vnnd mach einen teyg mit demselben wasser / vnnd von waitzen meel / zeüch jhn fein ab / geüß jmmerzu eintzig / biß er dick wirt / als ein dünner Salsenteig / nimb daß von eim Ay oder zwey deß dotter / růr es darunder / vnd ein wenig zerlassen schmaltz / laß daß das Eysen erhitzen / geüß mit einem löffel darauff / vnnd truck zu / heb obers fewr / stůp den teyg / darnach du es herb wilt haben / misch offt / sich das eysen nit zu heiß werd / es verbrenne sich sonst / die Ayrdotter machen sonst das gern ab dem Eysen gehen. Mit dem honig / Nimb ein honig / thů es vnder ein warms wasser / vnd treibs fein ab / wie oben steht / thů auch ein dotter oder zwen darunder / sie gehn lieber vom eysen / die mit dem zucker dürffen gar wol eylens / dann sie werden gehling rösch / man mag zu zeyten honig vñ zucker durch einander nemen / sie gehn auch gern vom eysen.

Butter zu braten am spiß.
cxcv. Steck ein Butter an ein spiß / der hültzen ist / vñ fein höflich / brat jn gegen dem fewr / vnnd so er anhebt waich zu werden / so laß jhn mit eim grieß besteen / für vnd für / bleweyl du bratst / biß eins braun wirt / so gibs für ein essen. Etlich die nemen gmalen bonen / vnd stippens zu mit dem grieß.

Die

Das sechst Buch.

Die grossen Mörser küchlen zumachen.

cxcvj. Hitz ein Mörser wol bey dem fewr/ wöll ein Wasser in einer pfañ/vñ geuß siedent in Mörser/ so seüds im Mörser auff/so eyl vnd schüt Semelmel/das bör in dem siedenden Mörser durch einander/schön/ nur das zimblich faiß sey/ stoß jhn lang ehe du Ayr darein schlechst/ darnach wann es ein Küchlein teig gleich wirdt/so schlags ein/ bachs nit zu heiß/werden hüpsch rogel/ aber nit so groß als oben steht/ offt versüche.

Die grösser Mörser küchlen.

cxcvij. Nimb ein wasser in ein pfannen/ thů gar ein wenig schmaltz darunder/saltz/laß also sieden/ so es seüdt/ so koch ein meel darein/ vnd koch das es ehrlich feißt sey/hart als ein gesötl/nimb in dann in ein Mörser/stoß jn lang/ das er gleich sich von der schüssel schölt/ darnach schlag jmmerbar ein ay zu/ so er nun ist wie ein Küchlen teyg/ so trag jn fein mit einem löffel ein/ so werdens groß/ den taig můß man fein bey der würme halten/ Etlich legen die ayr in ein warm wasser/ das law werden. So die Küchlen bachen seind/ so klaubs fein auff ein new gewaschen tůch/gibs dann fůr/ vnd zucker darauff.

Braten Küchlen zumachen.

cxcviij. Nimb ein Semelmel/gar gůt/brens ab mit wöllgem wasser/man nimbt auch zu zeyten blawe milch/ bör den teyg läg ab/schlag auch ein ay nach dem andern zu/schlags in zimlichs heiß schmaltz/růr die pfannen/ so gehends auff/ klein löffel muß man einschlagen/sein Kindbetterin recht.

Die kleinen Schwäbischen küchlen.

cxcix. Mache man also/nimb Semelmel/ mach ein teyglen in der dick wie ein Kinds oder milchköch/ niñ ein wenig

K iij   schmaltz

Das sechst Buch.

schmaltz in ein pfann/geüß den teyg/den müß man mit kaltem wasser anmachen/in die schmaltzig pfan/hebs ober das fewr/rürs zusamen ob dem fewr/das wirt ein Birnmuß/ schlag dan ayr daran/muß nit lang daran bören/nimb denselbigen/zeuch jn mit einem bögel oder eiselin in ein zimliches heiß schmaltz/sie werden fein küglet in der pfann.

Gold hendel zu bachen.

cc. So nimb ein wasser in ein pfannen/verseüb ein wenig Butterschmaltz als groß als ein halbe nuß/hast nit butter so nimb sonst ein Schmaltz/koch auch meel das gůt sey in das siedent wasser/vnd schmaltz/bör jhn wol ab ehe du die Ayer anschlechst/So er len wirt wie ein bratner teyg/so nimb jhn auff ein Täller/vnd mit eim hülzin dünne messer so schneyd jn ab/thůs in das schmaltz eines fingers lang/bach es also/ rür die pfañ/wann mans aber lang im Schmaltz becht/so wirdt es müd/werden gern feist/darumb nimb ein grosse pfannen.

Auß disem teyg magst brande strauben giessen/durch ein häselin/das muß ein loch haben/rür jhn zwey oder dreymal vmbher in die pfañ/du magst auch grosse küchlein einschlagen von disem teyg/setz die pfañ nur auff ein glůt/so gehn sie hüpsch auff/heissen schwerdtküchlen.

Eingerürte küchlein zumachen.

ccj. Nimb schön meel/vnd ein lautere milch/mach ein vesten teyg/den bör wol mit einem löffel ab/die milch muß law sein/so du lang börtt hast/so zerschlag ein Ay nach dem andern/das er so dick sey wie ein strauben teig/saltz jhn zumassen/nimb dann ein pfañ/geuß des teygs darein eins fingers dick/die pfann muß schmaltzig sein/setz auff ein bryfůß mit dem eingegossen teyg/schür ein kleins glütlin vnder/vnnd oben darauff ein hafendeck/vn ein glütlin darauff/so wirdt

der

Das sechst Büch.

der teyg vest/stürtz die pfañ umb unnd umb auff ein bretlin/ vnd zerlaß ein Schmaltz/darff gar kül bachens/schneid ab dem teyg zweyer finger breyt/lenger als ein finger lang für die pfann/müsts am ersten gar kül bachen/biß sie auffgehen/so brennen sie sich heisser/werden groß und rogel/so sie geraten/als vil du taig hast/so schmaltzig die pfann biß er hart wirt/so stürtz sie mehr auff ein brät/oder deck ein schüssel darüber/das er nicht erkalte/so gehn sie desto lieber auff/ Etliche setzen die pfann mit dem eingegossen teyg in ein hafen oder pfañ/darinn ein wasser seude/das er auch härt wirt/saltz damit/so soll man jn bachen wie vor steht.

Küchlen von öpffeln zumachen.

ccij. Hack saur öpffel gar klein/nimb mehr als den dritten theil Semelmel darunder/schlag Ayr darundter/das er nie zu dünn werd/schlags klein in ein wol heiß schmaltz/gibs trucken/oder in eim süplin oder gescherb.

Brat Küchlen zumachen.

cciij. So nimb gar hart Semelstücklin/das stoß gar klein/ vñ nimb derselbigen Semeln als vil du wilt/schlag Ayr daran/saltz/thů etlich Weinberlin auch darein/so es ein weyl steht/so ziehend die Semeln die ayr trucken an sich/so schlag darnach mehr Ayr zu/das er die recht dick gewiñ/so schlag jn dann fein käche weiß ein in das schmaltz/muß nit zu heiß sein/rür die pfann/so gehend sie auff/Ober solche Küchlein gib ein gelbs pfefferlin/oder ein Mandel gescherb/oder ein geherbel von öpffeln/und gwürtz das süpplin.

Gefüllte ayer zumachen.

cciiij. Seud ayer gar hart/schels/schneids von einander/ thů das gelb herauß das weiß gantz schön bleib/vnnd hack das gelb/thůs in ein schüssel/stips mit eim linden gewürtz/ schlag ein roch Ay daran/und fülls wider in das weiß/vnnd bachs

Das sechst Buch.

bachs also fein gemächlich/Etlich zerklopffen ein Ay/vnnd thůn das gefülte Ay darein/vnd darnach bacht mans/ gibs im pfeffer/süpplen/oder gescherb/man klockt jmer das weiß vnd gelb als das hårt Ay/schlecht wider ein rochs Ay ein/ vnd schlechts kleine küchle weiß in ein schmaltz/bachs/vnd gibs wie du wilt.

Gebachen küchlen im Mörser zumachen.

ccv. Laine ein Mörser zum fewr/das er gantz heyß werd/ vnd mach ein eingerürts von Ayren/treibs gar wol ab/vnd nimm ein wenig geriben Semel/vnnd thů Weinberlein da rein/vnd setz den heissen Mörser/laß darin heiß werden thů das eingerürt darein/thů ein hafendeck oben darauff mit einem glůtlin/so gehts hoch auff im Mörser/man muß nit zů heiß thůn/spänlein můst am ersten in Mörser legen/bacht es sich nit an. So es bachen ist/so schütt den Mörser/so ledigeet es sich/ker den Mörser obersich/so felt der Kůchen auß ser/schneids zu stücklin/gibs in Süpplin oder gescherb/die Kindbetterin dürffens essen.

Eingerůrt Küchlen zumachen.

ccvj. So mach ein eingerürts/vnnd ein wenig Wasser daran/wie sonst ein eingerürts/Nimb ein geribne Semel/vnd ein wenig stiplin meels darunder/stips/thů Weinberlin darein/schlags in ein heiß schmaltz/bach Kůchlein darauß/ gibs trucken/oder mach etwas darüber/ein süpplin oder ein gůts pfefferlin.

Bachen Milch zumachen.

ccvij. So mach ein Ayr schötteln/also/setz in einer pfann ober/zerschlag Ayr als vil du schotten wilt haben/auff ze hen Ayr/wirdt auff ein tisch genůg/so die Milch gleich anfahet brunslen an der pfann/nit laß gar sieden/so gueß die
Ayr

Das sechst Buch.

ayer in die Milch/rürs durch einander/laß gar sittlich sieden/salz die Ayr am ersten/so gerinds gern zusamen/ saums mit dem löffel. So es nun eindempfft wirdt/ so hebe auff ein reütterlin/oder seichpfann/das außtrückne. So es nun sein trucken wirdt/so schneid es zu stücklen/zeüchs in ein meel vmb/bachs im schmaltz braun/gibs auch in etwan.

Ochssen augen zu machen.

ccviij. Schlag ein Ay in ein Schüssel/ salz/ thů ein wenig meel darauff/nimb in ein pfannen ein schmaltz/laß gar heiß werden/thůs darein/bachs/ker vmb das braun werd/gibs trucken oder in ein gescheib in öpffeln.

Gestürtzt Ayr.

ccix. Nimb Ayr/oberseids nur sovil das sich das weiß ane leg/ thůs auff saltz/rürs durch einander/stürtze das Ay inn ein heiß schmaltz mit sampt der schal/ bachs braun / die gibt man trucken.

Kros ayr die brat man am spiß.

ccx. Mach ein eingerürts also/ zerschlag ein Ayr oder zwey / oder wie vil du willt/ setz ein spindel mit sampt einem schmaltz geuß die glocketen Ayr darein/rüre also ab/ob einem glůtlin/ so wirts müßlee/das heisst ein eingerůrts/so mußt dann Ayr schäl nemen/ die mußt am spieß an beyden orten auffthůn/füll das eingerůrt in die schal/steckts an ein spiß/ vnd ein rindt brot allweg für/brats ein weil vnd nicht lang/ Etliche bachens in heissem schmaltz / ins füllen / magst wol Weinberlin/Zimmet rör stip nemen.

Strick zu bachen.

ccxi. Nimb vier oder fünff ayer/zerschlags/nimb noch sovil saffen raum als der Ayr/rürs durch einander/ thů semel-

L meel

Das sechst Büch.

meel darein/mach jn wol dick als ein Strauben teig/nim ein
löffel der ein nußschal hat/vnd geuß nach der pfann ein mal
ombher/eines fingers groß/werden dann hüpsch rogel/der
raum muß nicht zu fast stehen/die strick werden schmalzig/
lautern stern nimb von vier oder fünff ayren/nur das klar/
zwierles wol rein ab jn ein häfelin.

Von Pfanzelten.

ccxlj. Item/pfanzelten mach also/Nim ein blawe milch/
vnd ein theil wasser darvnder/machs ein wenig law/nimb
dann ein Waitzenmeel/mach mit dem wasser vnd milch ein
teyg ab/wölg jn lang ab/das er wol vest werd/mach kleine
küglein darauß/wölgs auß einander scheiblecht/in der dick
oder dicker als ein Affenmund/legs also in ein heiß schmalz/
rür die pfann/so gehends hoch auff wie ein Semel/wanns
warm sind/so ists ein güte gemaine bachens.

Hasenöslin zubachen.

ccxlij. Nimb ein güte milch/leg ein wenig schmalz darein/
vnd wärms/nimb dañ ein güts meel/geüß die milch darein/
mach ein teyg in der dick als ein Affenmund/wölg den lang
auß/nicht zu dünn/schneids überzwerchs gewecklet/bachs
in heissem schmalz/rür die pfann so gehend sie auff/Etliche
reiben käß in teyg/geben gern auff/wer gern käß ißt.

Zogne Schnitlen.

ccxliij. Nimb lautere milch/mach ein teyg in der dick als
ein Kinds koch/schneid ein semel zu schnitten/zeuchs durch
den teyg/bachs in einem heissen schmalz/gibs also dar/wer
gern will/der schlag zwey oder drey Ayr daran/werden gern
trucken.

Germben

Das sechst Buch.

Germben Krapffen.

cclv. Nimb ein gůt meel/nimb dann ein Germb die vom Pier ist/geuß etwan als vil als ein Ay möcht sein in tz meel/ nimb dann ein lawes wasser/mach darnach ein teig an/saltz in/in der dick als ein duntpssel da man zu einem brot macht/ sitz in daser auffgeht. So du bachen wilt/ so nimb ein lawes wasser/netz die händ darein/nim ein wenig teig in die hand/ vnd zeuchs auß einander/bach jn wol im heissen Schmaltz/ man mage in öl auch bachen.

Kräutlach zumachen.

cclvj. Mach ein teyg wie zu Hasenödlin/wölg kleine dünne bläclein/nimb dann Pfessen vnnd andere gůte Kräutelein/ hack's klein/nimb ein schmaltz in ein pfann/röst das Kräut- lein im schmaltz das trucken wirdt/thů das Kräutlin auff ein schüssel/nimb ein geribne Semel/mehr als des Kräut- lins/vst ein gerieben gůten käß/nicht als vil als des Semel- brots/thů es alles durch einander/schlag ayer daran/vnnd ein wenig süß räumlin/das dünn wirdt/wie sonst ein füll/ stips/mach dünne bläclein auß dem teyg/füll ein löffel vol in ein kräpflen/redels ab. So du es gar eingefült hast/so setz ein wasser in einer pfannen oder in einem löffel vber/laß sieden auff ein viertel stund/hebb dann mit einem saimlöffel herauß auff ein schüssel/see ein gůten käß darauff/vnd biet heiß schmaltz darauff.

Eingeschnitten Nudel.

cclvij. Mach ein teyg mit einem kalten wasser ab/wilt du gern haben/so nimb auff ein Tisch eins oder zwey Ayr/vnd mach wol ein vesten teig/wölg jn dünn auß/nimb ein bläclein brey oder vier auff einander/scherbs mit einem schärmesser gar klein zetles/thůs in ein siedens wasser/laß ein gůte weyl

L ij   sieden/

Das sechſt Buͤch.

ſieden/ſeichs dann auff ein reͤtzerlin/ vnd ſchlage mit war‑
men waſſer ab/ thůs auff ein ſchuͤſſel/ ſee ein lindern Käß
darauff/brenn heiß ſchmaltz darauff.

Torten von Pieſſen.

ccxviij. Nimb Pieſſen die hack gar klein/vnnd nimbs in ein
ſchoͤne leines tůch/vnd truck das gruͤn bla̍t auß/ vnd nimb
die Pieſſen in ein ſchuͤſſel/ brenn ein ſchmaltz darein/ ſchlag
Ayr daran/ ſtips/thů Weinberlein darein/ ob du wilt. Die
fuͤll muß nit zu duͤnn ſein/ mach dann ein taig mit ayren/ wie
zum Affenmund/ mach kleine duͤnne bletlein/ vnnd thů die
fuͤll darauff/ ſtreichs als weit als bletlein/ vnnd ra̍dels vmb
vnd vmb ab/ vñ bachs fein langſam in eim heiſſen ſchmaltz/
ruͤr die pfann diewil es becht/ ſo gehts auff/ gibs warm o‑
der kalt.

Kreütel Krapffen.

ccxix. Mach alſo/ back Pieſſen/ Berthram/ ein wenig
Maioran/vnd ſonſt gůte kreuͤter/ trucks auch auß/ nim ein
wenig Ayrſchnitten/ vnd das gehackt Kreutlein/ reibs durch
einander ab/ ſchlag ein Ay oder zwey daran/ Weinberlein/
Gewuͤrtz/ fuͤlls ein/ ſtuͤrtz ſein zu/ ra̍dels ab/ mach kleine
Kra̍pflein/ bachs. Nimbt man der ayr ſchotten nicht/ ſo roͤſt
das kreutlein im Schmaltz/ nimb dann ſtarcken ſchmacken/
ſchlag ayer darein. Aber mit den Ayerſchotten beduncktens
mich vil beſſer ſein.

Gruͤns Kraut zu kochen.

ccxx. Nimb Pieſſen/ oberbrenns/ hacks klein/ vnd roͤſts im
Schmaltz/ geuß ein wenig daran es ſey ſuppen oder waſſer/
doch nicht zu duͤnn/ gibs dar.

Ein gefuͤlltes Kraut.

ccxxj. Machs alſo/ nimb ſchoͤne harte Koͤbel/ ſchneyd ein
breyts blettel bey dem ſtengel herab/ vñ hoͤl die Koͤbel inwen‑

dig

Das ſibendt Bůch.

dig auß/das die gäbel darnach gantz bleib. Nimb dann ein
Lämmern/Kälbern/oder ein Schweines bråt/das nit als
iſt/fleiſch/das hack gar klein/nim ein feißte darunder/das
můß nicht zu klein gehackt ſein/ſchlag Ayr daran/thů Wein
berlein darein/vnd fülls ins kraut/vnd thů das blätlin wi-
der auff das gäbtl/vnd ſteck zweck darein/vberbrenns wol/
wie ſonſt ein kraut/ſeichs dann ab/vñ geuß erſt ein Schwei-
nene ſuppen daran/vnd ſtubs fein ab/ſchaw das nicht an-
brinn. So du es anrichſt/ſo ſeud ein raum der geſaurt ſey/
vnd ſchneid die gäbel auff die ſchüſſel/ſo ſihet man die
füll in dem kraut. Etlich machen ein eingerůrts
von ayren mit Weinberlin/füllens
in das kraut.

Das ſibendt Bůch/ ſagt von mancher=
ley gattungen/vnd faſt nottürfftig in einem
hauß die ſtuck zuhaben/auch dieſel-
bigen zu nieſſen.

Wie man die Preßmetzen zu Oſtern bęcht.

cxxij.

So mach ein gůten linden Ayrſchotten/
brenn jhn nit an/thů jn auff ein reutterlin/
das er wol außſincke/demnach nimb ein
Ayrſchotten/treyb jhn mit einem löffel ab/
nim mehr ayr daran/ein wenig ſüß räum-
lein/reyb auch ein Semel darein/Gilds
ſtips/thů zimlich Weinberlin daran/vnd nimb dann ſemel-
teig von ein Becken/den treib auß in die weyte/vnd ſchlag
den obgemelten ſchotten darauff/vmb kräntzels vmb vnnd

L iij   vmb/

Das sibendt Buch.

umb/bachs in ein bachofen/ ehe du es in den Ofen scheust/ so thu. Feygen darein/ Mandelkern darauff/ die kräntzel aussen umb salbs mit gilbem Ayrdoter/ scheuß ein kleins wider in Ofen. Solche flecken weyhet man zu Ostern.

Praitling von flecken.

cccxiij. Auff ein andere form mit käß. So nimb ein guten frischen Käß reyb jn/schlag ayr daran/mach ein teyg in der dick als mit dem Ayrschotten/magst wol Weinberlin darein thůn/schlags auch auff ein teyg/wie ob steht/bachs in einem Bachofen/aber sie rinnen fast gern ab/můst eben acht auff die füll haben/ solch heißt man wol flecken/ heißt es auch prätling.

Item Lupp zumachen.

cccxiiij. Mache also/nimb ein mäßlein gut Rosenwasser/ vnnd zehen lot zucker fein/das thů inn ein messing geschirr/ oder pfändlin/laß ein kleines ersieben/thů es in ein saubern grünen verdeckten hafen/ So es kalt ist/ so geuß in ein verdecktes glaß. Solcher Lupp ist fast gut krancken leüten/wann mans jnen vnter jr tranck mischt/ oder sonst für ein labung/ ein wenig eingenommen/löscht den durst.

Krafftzeltlin zubachen.

cccxv. Nimb zucker fein/ stoß jn klein/nimb ein gut Rosenwasser/netz den zucker ab darmit/nit zuuil daran/geuß in ein messing becken oder geschirr/oder pfann/laß ein kleine ersieben auff eim glůelin/růrs stets das es sich mit anleg/dan so geuß zellen weiß auff ein steinin oder marmelsteinin Tisch bey einem härd/beste den stein mit einem wenig meel/ will es aber nicht bestehn/ so heb das zettel mit einem messer wider auff/ in ein pfannen/ sieds wider ein wenig/laß ein wenig

vber

Das sibendt Buch.   40

vberkülen/dann so geuß/Jsts sein zu dick/so geuß wider ein tröpflin Rosenwasser daran/ist es dann zu dünn/so thů ein wenig zucker darein/vnd der sollichen zerlaßnen zucker misch Jngber gewürtz/wie bachen Jngber. Oder wiltu Muscatzeltlin machen/so thů ein geribne Muscatnuß vnder den zucker/darffst nicht Rosenwasser nemen/oder von waserley gewürtz/wie du es haben wilt/magst grob stoffen/vnd vnder den geseeten zucker nemen/seind krefftig vnnd gůt. Für das Rosenwasser nimb Brunnwasser/zu einem pfundt zucker ein lot Jngber.

Pomerantzen schelen zumachen.
cclxvj. So nimpt man die pomerantzen von süssen pomerantzen schelen/weich sie in frisch Brunnenwasser vierzehen tag/seyhe es alle tag ab/geuß wider frisch daran/dann nimb die schelen/seůds in wasser bey einer stund lang/seychs ab/ thůs inn ein kräglin oder glaß/schneid die pomerantzen/ schöls ob du wilt/zetles/geuß geleüterten zucker daran/laß es acht tag stehen/dann seyhe den zucker ab/seůd jn hin vnd wider/magst ein mal oder drey hin vnd wider sieden.

Sytran öpffel mach man an in solcher maß/Mache ein/so mans wol seůd Jn zucker seind sie gůt/das feücht soll man außschneiden/nur die schelen.

Payßelbeer einzumachen.
cclxvij. So brock die beer vom stengel/thů die khondel daraus/thůs in ein glaß/nimb dann ander beer/truck die mit einem löffel das der safft herauß gehe/denselbigen safft thů vnter den geleuterten zucker/doch das der zucker mehr sey/ laß vnder einander sieden/als lang als zwey Ayr küle/geuß an die Payßelbeer/verbinds/laß stehn/ist fast gůt krancken leüten/die grossen durst haben/den soll man zu zeiten ein wenig geben.

Rosen

Das sibendt Buch.
Rosensafft zumachen.

ccxxviij. Schneyd Rosen wie zum Rosat/stoß nur klein/
truck durch ein schöns weiß tüchlin den safft darauß/nimb
schön gestoßen zucker/rürs darein/biß es müßlet wirdt/thů
jn in ein glaß/verbinds/setz drey tag an ein Sonnen/stoß et=
lich schön rößlein darunder/müßen klein gehackt sein/rürs
darunder/laß nur siben tag an der Sonnen stehn/rür jn alle
tag durch einander/ist auch für ein labung/man mag wol
schön Rosenbletter/der dicken Rosen darein thůn/ehe mans
an die Sonnen setzt.

Item/man macht von Muscat/Nägelin/Zimmet Sin=
zelten/gleich wie die Jngber/allwegen auff ein pfund Zu=
cker/ein lot gewürtz.

Küttensafft zumachen.

ccxxix. Die Kütten schelet man schön/die kern darauß/vnd
netz die Kütten ab mit einem sößen wein/ob du wilt/thů
sy in ein saubern hafen/vnnd das der hafen gar wol vermacht
sey/laß also dünsten. Vnd wann die Kütten weich werden/
so gewints am boden ein brülin von Kütten/das můß man
also abseyhen.

Item/man nimpt auch die/so sie weich seind worden/
von dünsten/in ein schön sauber leinin tůch/vnd in ein preß/
vnnd preß also den Saffe darauß/dieweyl die Kütten heiß
seind/wann sie kalt werden/so gehend nit halbig so vil her=
auß. Nimb dann denselbigen außgebußten Küttensaffe/
in ein messene beckin/seüd jhn auff einer glůt ein gůte weyl/
dann so nimb roten Sandel/klein gepulvert/vnd seüd den in
wasser/damit das wasser Rotfarb werd/mach ein Sandel/
seichs durch ein leynes tůch/dasselbige wasser nimb zu dem
zucker/wan du jn leutern wilt/vnd thů also den geleüterten
zucker in den gesotten Küttensaffe/laß also an die stat sie=
den/

Das sibendt Buch.

ben/geuß ein wenig auff ein Zynen schüssel/oder Blatten/ versuchs/gestehts nit bald/so laß noch ein weyl sieden/dann so salb ein Zinblat mit einem wenig schmaltz/geuß den küttensafft darauff so gestehet er sein/laß jhn ein tag gesteben/ ker jn vmb/laß jn trucken werden/dann so schneyd jn gwerckt/oder vierecket/wie du wilt/inn ein saubere Scattel/so ist es hüpsch durchsichtig/vnd fein rotfarb von dem Sandel/es schadet der Sandel nyemandt/von den gepresten Kütten magst dannoch ein lot weniger machen/aber dester mehr Honig muß man nenien/man mag den Safft an den Sandel auch wol nemen/geuß in scatlen/so werden sie fein feyst.

Kütten einzumachen.

cclxx. Die soll man auch also machen/Schel die Kütten schön/schneyd sie zu vier theylen/thůs in ein Bachofen/das sie sich weich dünsten/dann so nimbs herauß/besteck's mit Nägeln/Zimetrörn/Muscatblů/Jngber/lautern Zucker/ geuß an die Kütten in ein schönen vberglasurten Hafen/ oder Kriegel/laß acht tag stehen/wirdt der Zucker saur/so seich jn ab/seud jhn hinwider/thů nur ein Zucker darein/ geuß wider daran/als offt es saur wirdt/so magst du es ab seyhen/vnd wider an die Kütten giessen.

Welchseln macht man auch also ein/nimm die wol zeytig sein vnd braun/vnd geuß ein geleucerten zucker darein.

Kütten mit Honig/seud das Honig gar schön/faim es schön/vnd geuß auch an die Kütten/laß vberkůlen/laß stehen etlich tag/vnd versuchs/Jst es wässerig/so seichs ab/ seud wider ein Honig darunder/so werden sie gestehen.

Du magst Zyweben/Näspele auch einmachen/wie hieuor gemelt ist.

M   Jngber

Das sibendt Buch.
Ingber einzumachen.

ccxxxj. Nimb schön Ingber als vil du wilt/mach ein kalgus von kaltem wasser/wasch die Ingber schön/dann so weich es in ein kalgus/seyhe die alle tag ab/vnd wider frisch kalgus daran/das thů so lang das sie gleich weich werden/ etwan viertzehen tag/darnach geüß schöns frisch Wasser an einem jeglichen tag. Etlich siedens im wasser am letsten/ dann so geüß ein geleüterten Zucker daran/laß in einem Keller stehn/so gestehen sie/so seichs wider ab/vnnd seuds hinwider/das můst mehrmal thůn/so lang biß jmmer wässerig wirdt.

Zucker zu leütern.

ccxxxij. Der Zucker zu leütern/thů jm also/zu einem pfund zucker nimb nicht vil weniger als ein maß wasser/setz vber in ein kupffern oder messing geschirr/laß wasser ersieden/gleich so es auffgehet/so schüt den zucker darein/Nimb dann das weiß von zwey Ayren/zerschlage gantz zu eim saim/nimb denselben saim/vnd thů jhn in den siedenden zucker/laß also sieden/vnd seings gar schön/Wilt du jhn probieren/so geüß ein wenig auff ein schüssel/gestehts das dick wirdt/so hat es sein genůg/wo nit/so seud jn hinwider. Solchen zucker den nutzt man als eingemachte/wie es vornen steht/geüß jn nur kůl an/wann du jn wilt machen.

Weichsseln salssen zumachen.

ccxxxiij. Nimb wol zeytig Weichsseln/brocks ab/thůs inn ein saubern hafen/setz zu einem fewr/laß sieden/geuß nichts daran/růrs das nicht am hafen anbrinn/wanns wol prudig werden/so treybs durch ein reüterlin/geüß dasselbig wider in den hafen/laß sieden/thů ein zucker oder Honig darein/ so wirdts süß/wañ ein hafen vol ist/můß so lang einsieden/ das daß viertheil einseüdt/Mů̈st es dann in ein krůglein
giessen/

Das sibendt Büch. 42

gieſſen/es ſchimblet nicht/ gibs dann zum Braten. Wilt du
aber ein Latwergen darauß machen/ ſo geuß auff ein blåt-
lin/ſetz zu einer wårme/ oder an die Sonnen/ trückens/ ſo
fers umb/ ſchneid dann ſtücklic/ lege ſh ein låblin/ vnnd Ge-
würtz darauff/ ſo iſt es dann gůt. Item wañ man die Weich-
ſeln kocht/ zertruck nur den ſafft/ nimbs/ ſeud jhn ab das Er
dick wirdt/ der wirdt glat/ mit zucker oder honig můß mans
ſůß machen.

Latwergen von Weinberen.

ccxxxiii. So brich die Weinbeer ab von den kempten/ thů
ſie in ein hafen oder keſſel/ vnnd ein zimliche fewr oder glů-
lin darunder/ nichts daran goſſen. So es geſotten hat/ laß
kalt werden/ trucks durch ein tůch/ ſo es durchtriben iſt / ſetz
auff ein dryfůß/ laß aber ſieden das dick wirde. Wilt du es
gůt haben/ ſo thů zucker vnd Gwürtz darein/ magſts in ein
krüglein behalten/ oder geuß auff zu Latwergen.

Berthram ſalſſen zumachen.

ccxxxv. So nimb Berthram/ nur die bletlein/ hacks gar
klein/ thůs in ein hafen/ oder ſaubere Schüſſel/ geuß ein eſſig
daran/ der gůt ſey/ vñ laß alſo im eſſig beiſſen acht tag/ dar-
nach ſo nimb ein tüchlein/ das ſchön iſt/ truck das brat alles
daruon/ ſo gehet das handig daruon/ nimb bañ den außge-
truckten Berthram/ der im tüchlein bleibt / vnd ſeüd jhn inn
einem ſchönen gelewterten honig. Oder wilt du das mit zu-
cker anmachen/ ſo ſeud den außgetruckten Bertram inn ei-
nem gelewterten zucker/ laß vberkülen/ geuß oder thůs dann
in ein ſchöns vberglaſůrtes geſchirr/ ob du gern wilt/ magſt
du wol Gewürtz auch darunder nemen. So du eine zu einem
Braten wilt geben/ ſo nimb auff ein ſchüſſel/ vnnd geuß ein
wein daran.

m ij Salſſer

Das sibendt Buch.
Salßer vnd Holdbelbeer.

cxxxvj. Mache also nimb gůte zeytige Holderbeer/ die wol schwartz seind/brocks ab dem stengel/thů es in ein saubern hafen/setz zum fewr/laß sieden/vnd schaw gar eben dz nit anbrinn/trucks durch ein leines säcklin/geuß dañ wider in ein schöns häfelin/laß also lang sieden/biß dick wirdt wie ein koch/wilt du es sůß haben/so thů zucker oder honig darein/laß lang darinn versieden/behalte/gibs auch zum braten/er ist gůt zu schwartzem essen.

Payßelbeer Salssen.

cxxxvij. Man nimpt auch Saurach/die seud gleich also/ das ist fast gůt die vbel dürst in kranckheit/oder sonst magst du es auch wol sůß machen mit honig/oder zuckers ab.

Beerlen Salssen.

cxxxviij. Steub rote Berlin/pflantzt man in den Gärten/ die brich auch schön ab/vnnd seichs durch ein tůch/seuds darnach also lang biß dick wirdt/verseud zucker oder Honig darein/das geuß dañ auff ein ander Latwergen/Truckens/ schneid kleine wecklen/legs in ein scattel/ist krancken Leüten gar labhafftig zuessen.

Griendling Latwergen.

cxxxix. Nimb schön Griendling öpffel/schöl die schön wie zu einem apffel koch/dünst sie ab gar in einem schönen newen glaseurten hafen/treibs durch ein sib/seud das Honig/samts fein/vnnd geuß an die durchtriben Griendling/seüd das schwartz wirdt/thů gůts Gewürtz darein/Zimmetrörn am maisten/zerschlage auff ein bret/trückens/schneide darnach wecklet weiß/legs in ein scattel/see Enis oder ein ander gewürtz darauff/ist gůt krancken Leüten.

Byren

Byren macht man auch ein.

ccxl. Dünst sie auch/das eines weich werden/ bestecks mit Nägelen/Zimmer bin/ seud ein zucker oder Honig daran/laß drey wochen darinn stehn/ seind darnach gůt.

Hagenbutzen die wachssen an Rosenbäumen.

ccxlj. Schneyd die körnlen herauß/ seuds auch in Honig/ oder in geleütertem zucker.

Schlehen macht man auch also ein.

ccxlij. Die zyweben vnd anders/ macht man auch mit zucker ein.

Eingemacht nussen.

ccxliij. Nimb die nussen dieweil sie noch roßlig sind/etwan neün tag vor S. Johannes/ oder aber vor S. Margrethen tag/ bor in ein Nussen sechs löcher oder zwerchs/legs in ein frisch Wasser zwölff tag/ stichs ab/ geuß ein newes Wasser daran/ darnach so seuds erst. So du sie geweicht hast in einem Wasser/ legs dann sein auß auff ein schöns brätlin/ trucks ganz ab/ darso bestecks mit Nägelen/ zimmet rörn/ Ingber/ leg es vber ein glasurtes geschirr/ seud ein Honig/ geuß daran/ laß also stehn. So du es aber in den zucker einmachst/ so vbersieds inn einem geleüterten zucker/ laß ein weil daran stehn.

Salssen von grünen kreütern.

ccxliiij. Nimb die äher die etwan spannig lang seind/ so man korn geseet hat/ schneids klein/ stoß inn einem Möser/ weich ein bawrs ruckens/ oder weisse Semelschnitten in ein essig/ stoß darunder/ gelß den wein oder essig daran/ treybs durch/ geuß auff ein Salz in ein schüssel/ thů ein zucker darein/ vnd pfeffers/ magst Ampffer frawenmen/ Kron kraut/

Das sibendt Buch.

ehe es groß scheuße. Im Winter magst wol schnee abscharren lassen/ an grünem korn/ vnd Salssen machen.

Auff ein andere weiß.

ccxliiij. Man sol nemen die kräuter/ im Sommer sol mans frisch abbrechen/ nimb ein schön leinin tuch/ pack das schön auff im graß/ trucks auff die kreüter/ laß tag vnd nacht darinnen ligen/ trucks auß/ vnd dörrs in einem Bachofen/ nach dem brot/ Was mans nugen will/ so baiß die dürre kreuter in wein/ stoß ein brot darzu/ gewürtz wie die andern.

Petersill kraut.

ccxlv. Stoß sie auch gar wol/ geuß ein Essig daran/ vnnd laß lang stehen/ truck es auß/ zuckers/ gib es vber fleisch/ oder zu Braten/ Man gibts vber Schäffen schultern/ oder Lämmern biegle kalt.

Ein Species zumachen.

ccxlvj. Zu den Vischen nimb zimmetrörin vier lot/ Jngber anderhalb lot/ Pfeffer ein lot/ Paradiß körner ein halb lot/ Galgant/ Nägelin/ Totemari/ Muscat/ jedes eins guldins schwer/ gantzen Saffran/ Rautten/ Sanickel/ jedes zweyer guldin schwer/ weich den Saffran vnnd Sanickel ein/ ein stund oder zwo/ in ein güten Brantenwein/ schneid die zimmetrörin/ Jngber/ Galgant/ Muscat klein/ die andern ding laß vngeschnitten/ thü es dann alles vnder einander in einen Mörser/ vnd nimb acht lot zucker darzu/ geuß darnach den Saffran vnnd Sanickel/ mit sampt dem Wein daran/ stoß das gar klein werd/ sahe es nicht/ biß der Saffran vñ Sanickel gar wol mit allen dingen vermischt wirdt/ darnach sahe es. Will es aber nicht durchgehen/ laß es verdeckt stehen im sib oder an der Sossen/ oder in der Stuben/ biß er rösch wird/ dann so stoß/ sahe es gar/ wisch alles wol ab durch einander

Das sibende Buch.

Du mayß ein wenig zucker dar zu nemen/oder gar klein/wie man will.

Tryget zumachen.

ccxlvij. Nimb zwey lot weiß Jngber/vier lot zimmetrörin/ der langen dingen/ein halb lot Muscatblů/mach alles zu pulfer/nimb zweymal so vil zuckers als des gewürtz/wilt du es dann nicht süß haben/so nimb desto weniger zucker/oder wilt du es süß haben/so nimb desto mehr/ist gůt zu bäween schnitten.

Guldin Wasser.

ccxlvij. Item nimb ein kandel vol Malmaster/oder Muscateller/vnnd des aller besten Weins/so man haben mag/ auch ein Viertel/mehr nimb drey lot Salvey/ein hand vol Lauendelblů/auch Spicanardenblů/ob man das haben kan/ein lot Jngber/ein lot nägelin/ein lot Galgant/ein lot Paradißkörner/ein lot Muscatblů/ein gůte hand vol Enes so vil Coriander/ein lot zyweben/ein lot langen Pfeffer/ein lot zitwer/ein lot Muscatnus/thů das gewürtz alles in ein fein leines Säcklein/alles zůsamen gelegt in den Wein wie vor steht/laß darinnen waichen zwo oder drey wochen/darnach nimm des gewürtz/stoß in einem Mörser klein/das wirt wie ein můß/thů es dann hinwider in den Wein/da es vor in ist gelegen/thů es dann in ein außbrennzeug/ist am besten darinn man Brantwein brendt/man soll den vorschuß besonder fahen in ein glaß/darinn soll mans behalten/den letzten schuß auch besonder. Solliches wasser ist dem Menschen nutzlich einzunemen/für vil inwendigs brechens/es sterckt auch das hertz.

Rosenhonig zumachen.

ccxlix. Nimb ein můß gedistilliert Rosenwasser/setz es inn einer wolbedeckten kandelin ein siedents wasser. So es nun
wol

Das sibende Büch.

wol heiß ist/ so thů ein halb pfund rote Rosenbletter darein/
laß mit den Rosen wol sieden/ preß das wasser von den Ro=
sen/ vnd wirff die Rosen hinweck/ thů ander Rosen darein/
so vil als vor/ das thů fünff mal/ darnach nimb zů dem Ro=
senwasser drey Kandel Hönig/ das schön gesotten vnnd ge=
saimbt ist/ misch vnder einander/ vnnd seud biß wider dick
wirt/ wie das honig vorgewesen ist. Diß Rosenhonig ist gar
zu vil dingen nutz vnd gůt/ sonderlichen welchem wehe inn
dem hals ist/ vnnd auch inwendig/ auch wer die breüne hat/
man mags wol halb souil machen.

Ein anders Rosenhonig zůmachen mit weniger mühe/
Nimb gar schön rodt Rosen/ seud die in einem schönen lau=
tern honig/ nit zůlang/ laß erkhlen/ geuß dann in ein Glaß/
setz es an die Sonnen/ so distilliert es sich/ ist zů vil Artzneyen
zu brauchen/ im hals/ zum mundwehe/ den jungen Kindern/
hab offt versůcht ich Maurerin.

Latwergen von roten Rosen mach also/ nim rote Rosen/
die seud in rotem wein/ nimb Lezelten der gewürtzt sey/ nim
dann ein wenig schön gesotten gesaimbt honig darzů/ seude
wol durch einander/ schlags durch ein enges hårins sib/ thů
in ein glaß oder in ein krüglein/ so ist es gesund vnd gůt.

Geele Lezelten zubachen.

cci. Nimb ein rugken meel/ das nicht kleybig ist/ seub auch
honig gar schön/ laß es vberschlagen/ vnd mach ein teyg ab
in massen der bůch/ als wann man ein Laib zubereyt/ auß
würcket/ vnnd thů ein Pfefferstůp darein/ ins meel/ laß jhn
drey oder vier wochen also stehn/ so wirdt es fast gůt/ So du
jn bachen wilt/ so můß man lang abjåhen/ das er gantz zech
wirdt/ vnd nimb im arbeyten das Gewürtz darein/ wañ du
den gůt wilt haben/ vñ bach jn etwan nach eim Brotin ein
Bach=

Das sibendt Büch.

Bachofen / der nur gar heiß sey / nit zerschrunden / so er sich
fein hebt / vnd oben sich breünt / so hat er sein gnůg.

Zwibachen Lezelten.

cclj. So mach den teyg also / Nimb ein halb theyl Wasser /
ein halb theil Honig / mach einen teyg von rocken meel / wie
oben stehet / jäch jhn fast ab / mach dünne flecken / scheuß inn
den Ofen / vnnd bachs braun. So du es auß dem Ofen hast
genommen / so laß erharten / thů es fluchs in einen Mörser / vn
stoß zu stipp / sahe es schön / vnd nimb vnder dasselbige meel
allerley gůt gewürtz / groß gestossen als pfeffer stipp / soll
man klein puluern / Coriander vnd Enis nimb auch darzu /
nimb dann ein schön gesotten honig / laß fein vberschlagen /
vnd geuß auff das Lezelten meel / mach ein teig in der bůch
wie ein Breyn / vnd laß ein zeyt stehen / so zeucht das bigen
bachen meel das honig alles an sich. So dich gedunckt das
er fein trucken ist / so würck jn auß / jäch jhn gar wol ab / du
můst auch ein Lezelten meel stipp / von den erstgebachnen
Lezelten behalten / zum außwürcken / dañ mit anderm meel
verderbt man jn sonst / mach den teyg Lezelten weiß / er soll
stehen so dick werden / das er in der vest werde / das man jhn
wol vnd schon arbeiten mag / ehe du den Lezelten in den ofen
scheußt / so steck an die ötter zimmetrörn / Nägelen / vnnd
bach jn nicht zu heiß / so hast du ein gůten Lezelten.

Krapffen von Mandel bachen.

cclij. Wilt du gůte krapffen von Mandel bachen / so nimb
Mandelkern / geschölt / stoß gar lang in einem Mörser / geuß
jmerdar ein tröpflin Rosenwasser zu. So es nun gantz basm
gestossen ist / thů wol ein zucker darein / nimb dann den zwir
gebachen teyg / wölger dünne blätlein / thů ein Mandel ein
halben löffel vol auff das brettle / stürtz vber wie ein kräpffel /

darein

Das sibendt Buch.

darein man Käß füllt/ oder sonst ein füll thůt/ sprengels vmb vnd vmb/leg jr etlich der kräpflen auff ein Pappier/ scheüß in Ofen/bachs ein weil/nicht zu lang/seind fast gůt kräfftig zu essen/ist höflich gůten Leüten für zutragen.

Weinbeer Salssen zu machen.

eclix. Von den kleinen schwartzen Weinbeerlein/ wasch die Weinberlin sauber/hacks gar klein/stoß dernach in einem Mörser/welch ein gebäwte semel in ein Reinfel/stoß darunder/ vnnd schlags durch ein Reinfel/wann du zwey pfundt Weinberlin nimbst/ so nimb auch ein halb Pfundt zucker darein/ist er schön weiß/so darffst du jhn nicht leütern/stoß jn nur klein/vnd thů jn hinein/vnd ein viertheil Reinfel/vnnd ein oder vier schnitten Semel bäwt/ab einer pfenning Semel/laß also sieden/thů es anrüren/das schier halb einsiüd/ dann so thů herdan/vnd gwürtz mit Jngber/Zimmetrörn/ vnd Muscatblů/oder laß vngefehrlich als lang sieden/biß das es dück wirdt/das mans auff ein Schüssel geüßt zum braten. Solchen dürffen die Kindbetterin essen zum braten.

Wie man Vmberdumb soll machen.

ecliix. Nimb ein schönen lautern Winter waitz/vnd das er schön erklaubt sey/geüß ein frisch wasser daran/vnnd seybe es alle Tag ab/geüß als offt ein frisch wilder daran/můste acht oder zehen tag thůn/so lang biß sich der Waitz kleübet/ so nimb dann den Waitzen/vnd stoß jn/vnnd geüß ein frisch wasser daran/vnd truck jhn mit den händen/vnnd nimb ein schöns leines Säcklein/geüß den gerürten Waitzen darein/ gib ein weiß ding ausser. So du jn allen einmal gerürt hast/ das ist der erst schuß/ so stoß jhn stets zum andern mal/den stoß besonder durch/der ist nicht so gůt. So nun der Vmberdumb

Das sibendt Büch.

dumb in ein Zinen becken oder Schaff gesetzt/ so seicht das
wasser gantz ab/vnd geuß ein anders daran/biß es dich be=
dunckt es sey am boden gantz weiß/Ob aber säßlin darinnen
weren/so rür in durch einander/von boden auff/laß wider
durchs Säckel/dann so geuß das wasser gantz darab/das
gleich wie ein teiglin der Vmmerdumb sey/breyt den auff ein
schöns weiß härins tůch/auff ein brätle/geuß das teiglin
zettel weiß darauff/vnd setz in an die Sonen/so er vbertrue
cknet/ledigs von dem tůch/kers vmb/vnnd setz an ein heysse
Sonnen/so wirt er schön weiß/man mag in in einer warmen
Stuben auch trücknen.

Vmberdumb müßlin.

cdv. Mache also/nimb des Vmmerdumbs ein wenig/vñ
mach in zu meel/damit auch ein teiglin mit milch/ein dünns/
setz ein gůte milch in einer pfannen vber/geuß diſes teyglin
darein/rürs fein/seübs wie sonst ein milch koch. Solliches
můß ist krancken Leüten/die ein bösen kopff haben gůt/
es sterckt das Hirn/Man braucht den
Vmmerdumb sonst vil.

Das acht Buch.
Das letst Buch / sagt von Suppen.

Von Erbesuppen vnd sonst etliche suppen.

cclvj.

Lauter Erbes suppen / seud die Erbes / nim̃ nur die lautern brů / hack ein zwiffel gar klein darein / gilbs / stips / thů ein wenig schmaltz darein / Muscatblů / bäwe Semel / aber den Kindbetterin nim̃t man nicht zwiffel / sondern ein schmaltz darein versetten / aber so mans dick macht / so schlecht mans ein wenig durch die Erbes / röst ein wenig zwiffel darein / der geschnitten ist / gilbs / stips / man mags zimlich rüren / ob man wil / seichs.

Auff ein andere weiß.

So man die Erbessen welch seudt / so treybs ein wenig durch / das nicht zu gar dick sey / vnd nimb nur die Erbesbrü kein wasser / vnd wilt du sie gůt machen / vnd das weiß sein / so nim̃ ehrlich gůten süssen raum / aber so du sie gibst / so nimb des raums nicht zůuil / wann mans weiß macht / so ists wol so gůt als ein Mandelsuppen.

Ein andere suppen von Zisserel.

Zisserel seind lang Erbessen / gantz weiß / die seud auch / vnnd treibs durch mit jhr selbst suppen / ehrlich raum / gibs auff bäwt Semel / vnd Weinberlin darauff.

Linsen suppen.

cclvij. Linsen die seüd fein gemächlich / röst ein zwiffel darein /

Das ndte Buch. 47

rein/feürs/stipps/thů Weinberlin darauff/gibs auff ein
bäwts brot/vnd für ein nacht essen.

Weinsuppen.

Weinsuppen die mach also/Nimb zu einem mäßlin wein
zwey Ayr/zerschlag die Ayr/vnd nimb ein wenig wasser vn-
der die Ayr/vnd geuß den wein darunder/geuß in ein pfann
die schmalzig sey/seüds gar wol/den dritten theil ein/gilbe/
ist den Kindbetterin ein nutze suppen/so fern man sie recht
süd/gibs.

Ayrsuppen zumachen.

cclviij. Nimb Ayrbotter/nur die botter/so wirdts besser/
geuß ein wasser darzu/kochs oder sprüdels durch einander/
brenns in eim wenigen Schmalz/vnnd nimb gar ein wenig
essig/das gleich seürlet wirde/gilbe/dieselbigen suppen sol-
len Kindbetterin essen/die den fluß zůuil haben/denen ist
die Weinsuppen schad.

Habersuppen.

cclix. Habersuppen/Nimb ein Ay/zerschlags rein wol/
nimb ein nußschal vol wasser darunder/nim zum wasser ein
schmalz darinn versotten/ob du wilt/gilbe/heb das pfänd-
lein oder hafen von dem fewr/das klopff tay vnnd wässerlin
darein/seüds ein wenig/so gewindts Lünd döpflein/geuß
auff ein bröt/oder sonst/ist Kindbetterin gůt.

Ein andere Erbessuppen den Kind-
betterin zumachen.

cclx. Nimb ein gůte Erbessuppen/die laß vberschlagen/
das nicht heiß sey/darein nimb ein Ayrbotter oder zwen/
oder drey/als vil dich lust zumachen/sprüels oder klopffs wie
ein Weinsuppen/gibs bäwt brot/brock darein/Wasser vnd
N iij schmalz

Das acht Buch.

schmaltz vnder einander gesotten/auff ein brot verloren ayr/
dürffen Kindbetterin essen.

Ein dünstel suppen.

celxj. Schneid Semel zu stücklin/stürtz vber ein hafen/da-
rinnen ein kraut seüdt/die häfen vermacht mit spänen/laß
also dünsten/thůs auff ein schüssel/vnd geuß ein krautsup-
pen darauff/das naß wirdt/brenn ein schmaltz darauff/vnd
wöll ein raum darauff. Krautsuppen ein brot auffgeschnit-
ten/macht man auch also.

celxij. Gewürfflet suppen mach auch also/schneid ein Se-
mel gewürfflet/das die vnder rinden gantz sey an der Semel/
geuß ein Wasser oder Krautsuppen darauff/vnd brenn ein
schmaltz darauff.

Weinsuppen mit raum.

celxiij. Nimb ein raum/geuß ein Wein darein/gilbs/laß
lang sieden. Süsse raum suppen/nimb ein wasser vnder den
raum/gilbs wilt du/magst auch ein ay zů sollicher suppen
nemen.

Schmaltz suppen.

celxiiij. Weinbeersuppen/Zweßgensuppen/Zyweben sup-
pen/ein eingebrante suppen/brenn ein meel in ein schmaltz/
thůs in ein siedent wasser/sprüdels mit einem löffel/laß sie-
den/gibs auff ein brot.

Saur suppen.

celxv. Saur suppen seud wol/geuß ein raum darein/oder
brenn ein meel darein.

Hecht suppen.

celxvj. Hechten suppen/Nimb die Hechten/vñ mach stuck
darauß/stůbe in wasser/röst in am saltz/hat er sein genůg/
oder

Das acht Buch.

oder zu wenig/ so saltz jn baß/ so er recht gesotten ist/ so seyhe die brü herab/ thů butter darein/ laß also wol durch einander sieden/ vnd stüps mit Jngber vnd Zimmetrörn wol/ wilt du gern ein wenig Pfefferstüpp darein thůn/ so magst du es auch thůn. Thů darnach dem Höchten die haut fein ab/ vñ geuß die suppen mit dem Butter daran/ laß ein kleine weyl sieden/ als lang als zwey Ayr/ dann so geuß die Suppen auff bäwrte Semelschnitten/ leg die stuck Höchten/ allenthalben darauff/ stips/ so ist es bereyt.

Staubsuppen zumachen.

cclxvij. So nimm auff ein Tisch drey ayrdotter/ saltz/ klopff sie wol/ nimb dann den staub/ wöll jn am ersten/ laß jn vberschlagen/ geüß jhn dann vnder die Ayrdotter/ seüds ab wie ein Weinsuppen. Ist der staub fast saur/ so geüß ein Wasser darunder/ so sie den Kindbetterin zu saur were/ so verseüds ein löffel vol zucker darein/ man nimpt wol für die Ayr ein rawm/ seind auch nicht böß/ sie raumen den magen.

Wie man den Staub am ersten anmacht.

cclxviij. Nimb ein Waitzenkleyben/ schön kleyben angerürt/ misch/ vnd zerreib ein wenig vihalb/ vnnd mach also ein dümpffel mit den vorgeschribnen kleyben/ laß vber nacht stehen/ so wirdt es saur. So es wol saur wirde/ so geuß ein frisch wasser darein/ rürs offt/ so wirts fein saur/ die kleyben müssen nicht zu öd sein/ sondern ein meelbige/ auß disem staub macht man die Staubsuppen/ wie vorstehet.

Geißlitz zumachen.

cclxix. Laß ein Habern zermalen/ muß nit zu klein gemalen sein/ nimb dann ein vihalb/ das welch ein/ wie zu einem brot/ darnach du vil machen wilt/ vnnd mach ein dümpffel

Das acht Bůch.

an/biß sich erzeyget seürlacht/so geüß dann ein wasser dar ein/vnd rürs wol durch einander/vnd blaß mit den händen auß/so bleibt das dünn im wasser/dann so seichs schön vnd kalt verhült/das ist nun das Geißlitz. So man aber eine Ko‐ chen will/so greiff den boden/oder rürs durch einander/vnd schmaltz ein pfannen/so es dick wirt/so geuß auff ein schüs‐ sel/laß stehn/so gewints ein haut/die nimb ab/vnd schneid dünne bröcklein/die röschte im schmaltz/nicht zu wenig/seud die gesotten Geyßlitz hienach/vnd seud also ab/setz auff ein glütlein/thů ein höfliche deck darauff mit glüt/vnd röst a‐ ber brocken darauff/thů Weinberlein vnd Feygen darein/ auch Mandelkern/Man mags inn einem Kendel also ko‐ chen.

Habermůß machen.

cclxx. Nimb Häbernbrey/oder meel/kochs in ein haissen Schmaltz/rürs ab/vnd geuß wasser/oder Fleischbrů/oder Erbessuppen daran/Du magsts mit Erbesmeel auch also machen.

Pfann brey zumachen.

cclxxj. Mach den Brey gar schön/seud ein gůte milch inn einer pfannen/thů den Breyn darein/So er sich müßt/so leg ein batzen Schmaltz darein/setz das es vnden vnnd oben glůt hab/so wirds braun/vnd gibs.

Reyß koch.

cclxxij. Wasch jhn/vnd koch jhn in einer gůten siedenden milch. Hirschham koch mach auch also/brat müßlen so reib ein Semel/nit gar ein härte/kochs in einer siedenden milch/ zuckers/vnd gibs.

Breyn

Das acht Büch.

ccl xxiiij.   Brein Milch koch.
ccl xxiiij.   Grießkoch.
ccl xxv.   Prennkoch.
ccl xxvj.   Ummerdumb koch.

Erbes zumachen.

ccl xxvij. Nimb Erbes die schön weiß sind/ in einer laugen/ reibs zwischen den händen/ so lassens die belg/ wasch dann auß/ trückens wider. So man ein Erbes müß machen will/ so setz ein stuck schweines fleisch zu/ geuß dieselbige Suppen an die Erbessen/ laß also weich einsieden/ vnd treibs durch/ oder wann man wil hat/ so soll mans in einer scheyben abtreyben/ das gantz häsem wirdt/ vnd mit einer Schweinen suppen abmachen/ in der dick als man ein brein kocht/ seübs inn einem schönen hafen/ So man schier anricht/ so schneyd ein güten speck klein gewürfflet/ röst jn ein wenig/ vnd thü jn in das Erbesmüß/ vnd leg in die mitten ein schnitten brot/ leg ein schweinen stuck fleisch darauff. Zu zeyten geußt man wol ein wenig milch raums daran.

Ein einbrendts Erbesmüß/macht
man also.

ccl xxviij. Laß schön Erbesmeel machen/ setz in einer güten milch in einem hafen zum herd/ vnd brenn ein Erbeßmeel in einem schmaltz/ vnnd ehe es in ein siedende milch/ rüre wol durch einander/ das häsem wirdt/ thü ein zucker darein/ saltz wann du es anrichtest/ magst ein Schweinen schmaltz oder speck lin darauff thün/ gibs für ein kraut/ solches Müß auff hochzeyten oder Ladschafften/ ist höflich.

Item/ man seüd auch weiß Erbes gantz in einer Schweinen brü/ das nicht kochig siedend/ die gibt man auch für ein kraut/ das die brü daran ist.

O   Grün

Das acht Buch.
Grün Erbes in schälffen.

cclxxix Grün Erbes in schälffen/ Kocht man auch für ein
kraut/ wanns ehrlich groß seind/ in dem hafen/ vñ doch noch
nit gelb/ So hebels auß/ vbersends auch inn ein Schweys
nen fleisch/ grüß an die Erbessen/ aber sein nicht gar bald ge=
sotten/ Nimb dann auch ein Speck/ das schney=
di klein/ röste darein/ gib es also dar/
das nicht trucken seudt.

Ende des achten vnd letsten Büchs.

Hernach volgen etliche stücklein/ wie
man Wein gut behalten/ auch
Essig machen soll.

Underricht wie man
Wein gůt machen soll.

DAs der Wein beſtendig bleibt am fühlen/ auch ſo man Trincke/ So nimb ein ſchön Faß/ mit geſaltzem waſſer auß gewaſchen/ laß wol trucken werden/ Nimb ein quintelin Wegerich in ein ſcherben mit kolen gethan/ vnnd auff ein glůtlin geſetzt/ Darnach ſetz mitten in das Faß/ vnnd mach den ſpund fůr/ mach den boden fůr. Vnnd wann das Faß wol durch hitzt iſt/ ſo thů den ſpund darvon/ laß den rauch auß gehn/ deñ ſo mach den boden fůr/ nimb zů eim dreyling oder Fůder zwey pfund Krameerbeer/ in das faß gethan/ darauff geuß den Wein/ füll jn zů/ ſo wirt er gůt. Zum andern/ nimb Kramerwurtz/ ſchön gewaſchen/ laß trucken werden/ nimb dann ein loth Benedicten wurtzen/ vnnd ein pfund Kramerwurtz/ ein quintelin Nägelen/ vnnd inn das Faß gethan/ ſo wirdt er krefftig.

Welcher Wein

Sich nicht recht ſetzen will/ der neme ein vierdung Weinſtain/ ein viertel ſaltz/ laß in einer pfannen důrr werden/ ſtoß gar wol/ thůs inn das faß durch einander/ zu letſt geuß ein waſſer darein/ füll jn damit zů.

Wann ein Wein aller ding verdorben.

Nimb Weinſtein/ den man von den Faſſen ſchlecht/ laß jn glůdig werden/ in einem newen haſen/ bey einer glůt/

Wie man Wein gůt

vnd thů jn also glůend in den Wein/růr den Wein gar wol/
so wirdt er krãfftig/als er vor gewesen ist.

Wenn man den Wein

Abziehen soll/ Das soll man thůn in einem gůten wetter/
das es nicht windig sey / vnd hayter am Himmel jmmer zu/
man soll jn nicht im Apprillen abziehen/ Alle wein soll man
abziehen in abnemenden Mon/nicht im newen/ der die zeyt
nicht merckt/der nimbt schaden.

Wilt du auß einem Faß

Lang trincken/das sich der Wein nicht verkert/ so leg ein
leinin tůchlin vber den spund / darauff ein gesotnen aschen/
auch ein grůnen wasen darůber/nimb auch ein spindel / bor
ein loch dardurch· so bleibt er bestendig.

So ein Wein zãch ist.

Nimb Weinreben zu aschen brendt / nimb dañ der aschen
ein hand vol in ein sauber leynes tůchlein gebunden/vnd inn
den Wein gehenckt/so wirdt er gerecht.

Ein anders.

So nimb ein teyg/so du bachen wilt/ als vil als ein Laib/
nimb souil schönen sand/thů das alles durch einander/mach
kleine kůgelein/das zum theil hinein mügen/ vnd scheuß mit
dem Brot ein/wann du bachen wilt/wanns halbig bachen
seind/so thů sie herauß/wirff sie in das faß/ vnd laß den wein
ein oder drey tag stehen.

Ein anders.

So

behalten soll.

So ein Wein zäch ist/ so nimb hobel scheytten von feuchten laden/förchen schaitten seind noch besser/ nimb dañ auff ein viertheil oder halbe milch/ vnnd drey pfund Ofenlaim/ zertreybe das alles gar wol durch einander/in einem schönẽ schaff/geuß dann in den wein/rür den Wein/ vnd laß durch einander mit einem rürscheyt rüren/laß den Wein bey acht tagen mit rüh/so wirt er fein lauter.

So ein Wein konig ist.

So nimb Saltz/vnnd brenn es/ biß das schwartz wirdt/ darnach reyb es wol in einem Mörser/ thů es oben zů dem Spund hinein/oder in ein Buckel darein gehenckt/so felt es gen Thal.

Ein anders so ein Wein zäch ist.

So nimb ein Waitzen teyg/etwan vmb zwen pfenning/ nimb acht ayr nur das weiß/ vnnd für vier pfenning Brantewein/knits vnder einander. Magstu aber den teyg nicht haben/so nimb sonst ein Waitzen vnd Brantwein vnder das klar/mach küglein/thů es zum theil hinein in Wein/laß ja acht tag ligen/so wirdt er gůt.

Gůten Essig zumachen.

Nimb ein newbachen Semel/ legs in ein gůten Essig/ darnach wider herauß genommen/laß dürr werden/ vnd zu puluer gemacht/ den Essig damit angemacht/ Můst aber mit demselbigen stipp gleich ein taiglin mit einem gůten Essig anmachen/in ein volgebichten krůg/ vnd offt ein wenig warmen Wein zugiessen.

O iij Wilt

Wie man Wein gůt

Wilt du machen ein Essig/das er keinem
Menschen/er sey gesunde oder
kranck/schad.

So nimb ein kandel Essig/der gůt sey/vnd leg ein hand-
vol welsch Weinberlin darein/laß den Essig zweyer finger
tieff einsieden/darnach trucks durch ein tůch auß/vnnd be-
halten.

Gar ein gůts stuck wie man Essig soll machen/der neme
ein krůg/der wol bicht sey/vñ brat in ein grossen krůg fůnff
ayr/gantz braun/vnd bawe drey lang rucken schnitten auch
braun/legs vnden in den krůg/die fůnff ayr darauff/nimb
ein viertel harben Essig darein/vnd vermach den krůg gar
wol/das gar kein dampff darauß mog/nimb pfefferkörner/
zerstoß ein wenig/binds in ein tůch/thůs in ein krůg/vñ laß
drey tag stehn/das dich duncke das er herb sey/so thů mehr/
ein viertheil oder zwey der gesotten ist/wie oben steht/in den
krůg/das thů so offt vber drey tag/so lang biß er vol wirdt/
so hast du jn gerecht/vnd ist versůcht worden.

Ein hüpscher abzug zu dem Wein/das sie sich
behalten lassen/vnd gůt bleiben.

Nimb Schwefel ein halb lot/Krän ein halb lot/Nägeli
ein halb quintelin/Muscatnuß ein quintelin/Violwurtz ein
halb lot/Galgant ein lot/langen Pfeffer ein quintelin/weis-
sen Myrrach ein quintelin/Mavn ein halb lot/Zimmetröm
ein halb lot/weiß Parißkörner dritthalb lot/Myrrhen ein
halb quintlin/das alles zusamen klein gestossen/ausserhalb
des schweffels/der sol besonder gestossen sein/vnd in ein sau-
ber glaseürten raindel/oder scherblein/bey einem fewer zer-
lassen/dann auß einem kalten wasser zwey oder dreymal ge-
gossen/damit er sich der grobheit entläßt/alsdañ wider zer-
lassen/

behalten soll.

laſſen/das obgeſchriben gewürtz alles darein getruckt/von einem rupffen tůch geſchnitten/zweier ſpañ lang/das durch gezogen vnd gebunckt/auß ſollicher zwey ſpann iſt ein vier=
theil genůg/in ein halmig dreyling/das henck an ein Trabe/
vnd bempff das Faß/laß darinnen verbrinnen/dann zeůch=
ben Wein darein/dz der dampff da bleib/das vom Schwe=
bel in das waſſer felt/das iſt ein gůte materi.

So ein Wein zech iſt.

So nimb fehchten rinden/mach ſpän/ſpann lang/thůe ober ſchab das ſchwartz hinweck/mach in ein jeden ſpalt ein loch/das man ein ſchnůr darburch mag thůn/thůe inn ein bachofen gleich ſo man das brot auß nimbt/laß erhitzen vnd dürr werden/Den Wein rür am erſten wol ab mit einem rürſcheit/nimb die ſpalten all an ein ſchnůr/bind ein ſtainlin darzů/ſo gehend die ſpalten gen boden/vnd wehret jhn die zähe.

FINIS.

Getruckt zu Augſpurg
durch Michael Manger.

www.ingramcontent.com/pod-product-compliance
Lightning Source LLC
Chambersburg PA
CBHW020144170426
43199CB00010B/883